Günter Wallraff

Mein Tagebuch aus der Bundeswehr

Mit einem Beitrag von
Heinrich Böll
Flottillenadmiral Elmar Schmähling
und einem Dialog zwischen
Günter Wallraff und Jürgen Fuchs

Kiepenheuer & Witsch

KiWi 289

Erweiterte Fassung des gleichnamigen Textes
in *Befehlsverweigerung.*
Die Bundeswehr- und Betriebsreportagen. KiWi 66, 1984
Umschlag Manfred Schulz, Köln
Umschlagfoto dpa
Gesamtherstellung CPI – Clausen & Bosse, Leck
ISBN 978-3-462-02206-3

Aus dem Taschenbuch für Wehrpflichtige, 17. Auflage, das jedem Eingezogenen übergeben wird, die »Bibel des Soldaten« (so Hauptmann Staller):

F 18: Um ein guter Soldat zu sein, muß man Selbstachtung haben, aufs Vaterland und seine Einheit stolz sein. Disziplin üben, über ein großes Maß an Pflicht- und Verantwortungsbewußtsein gegenüber Kameraden und Vorgesetzten verfügen.
F 24: Bestimmte, in allen Lagen wiederkehrende Tätigkeiten soll der Soldat auch automatisch ausführen können. Hierin muß er durch Gewöhnung geübt werden, darüber hinaus kommt solchen Übungen keine erzieherische Bedeutung zu. Sie setzen vielmehr die Erziehung des sittlichen Willens und die Einsicht voraus.
F 25: Nahkampf. Im Nahkampf ficht der Soldat mit dem Feuer seines Sturmgewehres. Es kommt darauf an, daß der Soldat als erster schießt. Hat der Soldat sich verschossen, dreht er sein Gewehr um und schlägt mit der Schulterstütze zu. An folgenden Punkten kann er den Feind besonders wirksam mit der Schulterstütze treffen: Gesicht, Schädel, Schläfen, Genick, Nieren, Magengrube, Geschlechtsteile und Schienbein.
F 21: Vom jüngsten Soldaten aufwärts muß überall die Hingabe der ganzen geistigen und körperlichen Kraft gefordert werden.
F 23: Oberster Grundsatz! Wer schneller schießt und besser trifft, bleibt Sieger!
F 23: Wenn die Guten nicht kämpfen, siegen die Schlechten!
F 25: Es kommt besonders darauf an, daß der Soldat das Kampfmesser bei der Vorbereitung zum Nahkampf scharf schleift... (Das Kampfmesser ist ein kleines Klappmesser und wird auch als Eßbesteck benutzt – G. W.)
F 19: Das Vorhandensein einer Waffe, welche das ganze Volk bedroht, erfordert die Verteidigungsbereitschaft des ganzen Volkes!
F 29: Besser, für die Gerechtigkeit sterben, als fliehen und ehrlos sterben!
C O 1, B 1: Was ist ein Befehl? Ein Befehl ist jede Anweisung zu einem bestimmten Verhalten.
C O 1: Der Soldat muß seinen Vorgesetzten gehorchen. Er hat ihre Befehle nach besten Kräften vollständig, gewissenhaft und unverzüglich auszuführen!

C 20: *Gehorsamsverweigerung!* 1. Mit Gefängnis oder Einschließung oder mit Strafarrest nicht unter zwei Wochen wird bestraft:

1. wer die Befolgung eines Befehls dadurch verweigert, daß er sich mit Wort und Tat gegen ihn auflehnt, oder
2. wer darauf beharrt, einen Befehl nicht zu befolgen, nachdem dieser wiederholt worden ist.

F 65: Der Soldat muß widerstandsfähig und spannkräftig, entbehrungsbereit und hart gegen sich selbst sein.

F 25: Im Nahkampf führt der Soldat kräftige Stöße mit seinem Seitengewehr auf den Feind aus und wirft ihn hierbei um. Blitzschnell tritt er auf den stürzenden Feind, stößt kräftig nach und zieht die Waffe im Weiterlaufen wieder aus dem Körper des Feindes heraus. Ist der Feind in Stellung, muß der Soldat den Stoß von oben auf den Hals oder die Mundhöhle des Feindes führen.

F 70: Ungewißheit ist das Element des Krieges, das Unerwartete ist die Regel!

Die Truppenführung

1. 7. 63 – Montag

18 Uhr. Stadt Allendorf! Der Zug endet hier! An der Sperre schon werden die künftigen Soldaten von den Zivilisten aussortiert.

Der Beamte an der Sperre ruft, wenn ihm ein Militärfahrschein hingehalten wird: »Stop! Hier ist noch einer. Holt ihn euch!«

Zwei Uniformierte treten heran, mustern einen etwas spöttisch, sagen: »Mitkommen, rechts warten, bis alles dran ist!«

Einer macht es sich auf seinem Koffer bequem, streckt die Beine aus, steckt sich eine Zigarette an. Ein Uniformierter schnauzt ihn an: »Mann, lungern Sie nicht so rum, stehn Sie gefälligst auf! Sie sind ab heute Soldat!«

Der beachtet den Uniformierten nicht, der etwa gleichaltrig ist, raucht weiter.

Der Uniformierte: »Mann, wenn Sie jetzt nicht parieren, sind Sie gleich am ersten Tag festgenommen! Wir machen da kurzen Prozeß!«

Das Milchgesicht in der Uniform hat damit erreicht, daß der kommende Soldat in Zivil sich erhebt, dabei die brennende Zigarette der Uniform vor die Füße schmeißt.

Wir schmeißen unser Gepäck auf ein bereitstehendes Militär-

fahrzeug, uns selbst hinterher, hocken dicht zusammengedrängt und werden zur Kaserne gerüttelt.
Meine Dienstgradbezeichnung ist »Schütze«, ich trage Uniform. Aber ich habe das Gewehr nicht genommen. Ich bin Kriegsdienstverweigerer.
»Wallraff hat sich trotzdem zur Stelle gemeldet!«
»Stehen Sie erst einmal stramm, wenn Sie mit mir reden, und melden Sie sich gefälligst richtig! Das heißt: Schütze Wallraff meldet sich zur Stelle, verstanden!«
»Ja, schon, aber wieso Schütze? Ich nehme doch kein Gewehr in die Hand und werde niemals schießen, auch nicht so zum Spaß, wie schnell wird blutiger Ernst daraus!«
»Sind Sie blöd? Ihre Dienstgradbezeichnung ist Schütze, und so haben Sie sich ein für allemal zu melden, sonst werde ich Sie melden und Sie kommen wegen Befehlsverweigerung in den Bau!«
»Ach so. Ein Schütze, der nicht schießt... aber wenn Sie Wert darauf legen: Die Dienstgradbezeichnung Schütze Wallraff meldet sich zur Stelle!«
So fing es an. Ich hatte meinen Antrag nicht früh genug gestellt. Bei der Musterung war mein Entschluß noch nicht fest gewesen. So stellte ich meinen Antrag auf Kriegsdienstverweigerung beim Kreiswehrersatzamt Köln zwei Monate vor der Einberufung und wies darauf hin, daß das Gewissen zu jeder Zeit wach werden kann und nicht an amtliche Fristen gebunden ist. Ich erhielt die Einberufung mit dem Zusatz: Wenn ich mich nicht zum anbefohlenen Zeitpunkt bei meiner Einheit einfände, gälte ich als fahnenflüchtig und würde strafrechtlich verfolgt. Mein Antrag würde an den zuständigen Prüfungsausschuß für Kriegsdienstverweigerer weitergeleitet.
So sollten die Dinge ihren Lauf nehmen!
Ich rechnete mit einem zweiwöchigen Zwangsaufenthalt, da dem Antrag eines Soldaten laut Gesetz *unverzüglich* nachgekommen werden muß.
Ich bin den dritten Tag hier, als ich meinen ersten Wehrsold erhalten soll. Ich weise ihn zurück mit der Bemerkung: »Ich werde niemals einen Menschen umbringen, auch nicht gegen Bezahlung.«
Man begreift zuerst nicht, fragt, ob es mir zuwenig Geld sei. So erfährt erst einmal der Kompaniechef, Hauptmann Staller, von einem Fremdkörper in seiner Kompanie. Ich werde ihm vorge-

führt. Das Geld hätte ich anzunehmen, man könne es sonst fürs Soldatenhilfswerk spenden. Ich erkläre mich einverstanden, das Geld für meinen Verdienstausfall meiner Mutter als Unterstützung zu überweisen.
Hauptmann Staller kündet mir für den nächsten Tag die Austeilung der Gewehre an, daß mein Antrag an meinen ›soldatischen Pflichten‹ nichts ändere und ich das Gewehr wie alle anderen zu nehmen hätte. Es sei mir sicher bekannt, daß Befehlsverweigerung strafbar sei.
Ich sage, damit könne er mich nicht einschüchtern, ich sei bereit in den ›Bau‹ zu gehen. Er trumpft auf, er habe Mittel in der Hand, mich dazu zu zwingen. Er bezeichnet mich als ›Feigling der Gemeinschaft gegenüber‹, meine Idee als ›Spinnerei‹.
Am nächsten (vierten) Tag erscheine ich nicht zur Gewehraus-teilung. Der Hauptmann sagt mir nachher vor Unteroffizieren und Mannschaft, ich sei nicht würdig und vertrauenerweckend genug, überhaupt eine Waffe zu tragen. Später bekomme ich von meinem Gruppenführer einen Stock mit Tragekordel. Ich schmücke ihn jeden Tag mit einer frischen Feldblume und stelle ihn jeden Abend in den Gewehrständer. Damit sie sich neben mir nicht zu schämen brauchen, pflanze ich ihren Gewehrmündungen ebenfalls Blumen auf. – Man verbot mir den Blumenzauber. Meinen Stecken durfte ich auch nicht mehr öffentlich tragen, weil er großes Aufsehen erregte und schon in anderen Standorten der Umgebung bekannt geworden war. So stehe ich mit leeren Händen daneben, wenn die anderen schießen.
Ich empöre mich über die geforderte Unterwürfigkeit, die einer Entwürdigung des Menschen gleichkommt. Ich kann mich nicht daran gewöhnen, auf läppische Befehle mit einem ergeben dienenden ›Jawohl‹ zu antworten. Auf wessen Wohl denn? Die Einimpfung des Kadavergehorsams war hauptschuldig an den Verbrechen des Hitlerregimes. Jeder fühlte sich seiner eigenen Verantwortung enthoben und wälzte sie auf den nächst Höheren ab. Der Befehlsnotstand! Die Voraussetzungen hierfür werden wieder geschaffen. Ich muß zusehen, wie jeder da steht, wo man ihn hinstellt. Der Respekt vor dem Befehl! Die Angst vor Strafe! Die Gedankenlosigkeit!
»Hier hat keiner zu denken. Das Denken besorgen wir für euch. Beschweren könnt ihr euch hinterher.«
»Stillgestanden!« – »Nichts rührt sich.«

10. 7. – Mittwoch

Das ›Heraustreten‹ aus der Kaserne zum ›Antreten‹ vor der Kaserne geschieht jeweils in der gleichen Form.

Vom UvD* wird gepfiffen. »Türen auf! Fertigmachen zum Dienst, Frühstück, Mittag- oder Abendessen!«

Zwei Minuten später wird wieder vom UvD gepfiffen »Türen auf! Raustreten zum Dienst, Frühstück, Mittag- oder Abendessen!«

Innerhalb von 1–2 Minuten spielt sich dann immer folgendes ab:

Auf Parterre, erstem und zweitem Stock fliegen die Türen auf, stürzen die Rekruten aus ihren Stuben auf die Flure und strömen dem Ausgang zu. Angetrieben von Ausbildern, die sich vor den Stuben, auf den Treppen und verstärkt rechts und links vom Ausgang postiert haben. Den Hauptsog und Stauungspunkt bildet der Ausgang. Die eisenumfaßten Glastüren stehen schon sperrangelweit offen, die Herde gerät sich hier dennoch ins Gehege. Die Ausbilder treiben sie an: »Raus aus dem Bau!« »Schneller, Männer!« »Ihr lahmarschigen Kojoten!« »Wollt ihr wohl!« »Sollen wir euch Beine machen!« »Die Letzten schieben am Wochenende Feuerwache!«, dabei zücken sie Bleistift und Papier, um die Ernsthaftigkeit ihrer Drohung zu verstärken. Die Letzten drängen noch stärker nach, die Masse quillt um so schneller hervor. Püffe mit Ellbogen und Knieen werden ausgeteilt. Ein Gewehrkolben stößt unbeabsichtigt in ein Gesicht. Zwei Stahlhelme bumsen aneinander. Einem wird die Patronentasche abgerissen, er versucht sich danach zu bücken, wird aber mitgeschwemmt. Kleinere, Schwächlichere werden kurz vorm Ausgang von raufenden Bullen abgedrängt und müssen sich hinten wieder einpferchen. Einer wird im Strudel um sich selbst gedreht und landet rücklings draußen. Ein voller Blechbüchsenaschenbecher an der Wand vorm Ausgang wird einige Wochen lang täglich mehrfach auf diese Weise mitgerissen, Kippen und Asche liegen auf den Flur verstreut, bis man ihn an einem ruhigeren Ort montiert. Die Ausbilder am Ausgang wehren mit Händen und Beinen die Herausstürzenden ab, um nicht an die Wand gequetscht zu werden.

Wenn die 180köpfige Herde einmal draußen ist, ist es gut. Man stellt sie dann in Reih und Glied, sie besitzen wieder eine ord-

* Unteroffizier vom Dienst

nungsgemäße Ellbogenfreiheit, ›auf Tuchfühlung‹ bis zum Ellbogen ihres Nebenmanns.
Man führt sie dann zum Dienst mit Gewehr oder zum Trog ohne Gewehr.

16. 7. – Allendorf
Allabendlich ›Stubendurchgang‹. Punkt 22 Uhr – zum Zapfenstreich – Trillern in den Gängen als Ankündigungskommando.
Der jeweilige Stubendienst, in voller Arbeitskluft und Mütze, muß sich nun stehend bereithalten, seine Meldung zu machen, wenn innerhalb der nächsten zwanzig Minuten die Tür auffliegt und der UvD erscheint.
Dann wiederholt sich das immer gleiche Schauspiel:
Der UvD wird mit schweigendem Gruß begrüßt. (Salutieren = Anlegen der geschlossenen, nach innen gewinkelten rechten Hand an den äußersten Rand der Kopfbedeckung und Zurückschnellen derselben.)
Im Stillgestanden wird danach die Meldung gemacht. Sie besteht im Aufsagen folgenden Spruches im genau festgelegten Wortlaut. Für unsere Stube: »Stube zwo mit neun Mann belegt, acht Mann in den Betten. Stube gesäubert und gelüftet. Stubendienst: Schütze ...« (der eigene Familienname muß zum Schluß eingesetzt werden). Wer sich dabei verspricht oder frei improvisiert, muß so lange wiederholen, bis er mit der vorschriftsmäßigen Form wörtlich übereinstimmt.
Unter den Ausbildern gibt es wenige, die sich jetzt zufriedengeben, »gut, rührn« sagen und ihren Stubendurchgang fortsetzen. Meist folgt noch: »Gesäubert und gelüftet, sagten Sie? Stimmt das?« Stubendienst: »Jawohl, Herr Unteroffizier.«
Unteroffizier: »So werde ich Ihnen jetzt beweisen, daß Sie mich bewußt angelogen haben! – Erst mal stinkt's hier wie im Puff! Dann werde ich Ihnen zeigen, daß ich noch Dreck finde!«
Wenn er will, findet er immer welchen. Er steigt dafür extra auf einen Stuhl, wischt mit seinem Finger über die Lampe oder Gardinenstange oder klemmt seinen Finger zwischen die Ritze zweier Spinde oder kriecht unters Bett, hält einem anschließend seinen schmutzigen Finger als Beweis triumphierend unter die Nase. Oder er findet noch einen Fusel im Besen. Er läßt einen dann voll Schadenfreude noch mal eine Viertelstunde stehen, und der Vorgang wiederholt sich danach mit Salutieren,

Sprüchlein aufsagen usw. Es kommt vor, daß sich das Ganze ein drittes Mal wiederholt. Danach kann sich der Stubendienst ebenfalls ins Bett hauen.

23. 7. – Montag – 7 Uhr

Ich fahre auf einer Schubkarre Eisenträger zum Bauschuppen. Sie haben bisher friedlich im Kasernengelände gelegen und störten keinen. Nun müssen sie versteckt werden, weil der Kommandierende General erwartet wird.

Ich höre von weitem einen Pfiff. Das ist nichts Ungewöhnliches hier. (Trillerpfiffe und Brüllen sind die Hauptsignale und Verständigungsmittel im militärischen Leben.) Darum achte ich nicht sonderlich darauf.

Vor mir bleibt ein Soldat wie angewurzelt stehen, legt seine Hand zum Gruß an den Mützenrand und verharrt.

Ich denke, er verwechselt mich mit was Höherem, nicke ihm freundlich zu und rüttele mit meiner Schubkarre an ihm vorbei.

Jetzt sehe ich, daß überall im Umkreis einfache Soldaten, Unteroffiziere und sogar zwei Leutnants wie versteinert dastehen, alle in der gleichen Richtung, mir zugewandt, die Hände zum Gruß angelegt.

Es ist merkwürdig. Ein LKW-Fahrer hat seinen Motor abgestellt, ein Zivilangestellter hält seinem Hund, der eben noch kräftig bellte, das Maul zu.

Ich mache mit meiner Karre einen Bogen um einen Unteroffizier, als dieser mir mit dem nicht grüßenden Arm zu verstehen gibt, ich solle ebenfalls stillstehen. Er ruft drohend »Flaggenparade«. Ich ahne schon was.

Plötzlich ein Pfiff. Der Spuk löst sich auf.

Der Hund bellt. Der Motor heult auf.

Der Unteroffizier kommt mir nach, baut sich vor mir auf, verlangt barsch Namen und Einheit von mir.

Er erklärt mir, das eben sei eine Flaggenparade gewesen. Die schwarzrotgoldene Fahne werde jeden Morgen gehißt und jeden Abend heruntergeholt. Man müsse ihr dann seine Ehrenbezeigung entrichten und sich so verhalten, wie ich es vorhin gesehen hätte.

26. 7. – Donnerstag – 9.30–10.30 Uhr
Kompaniebelehrung! Große Aufklärung! Gehalten von Hauptmann Staller. Heutiges Thema: ABC-Kriegführung. Schutzmaßnahmen des einzelnen Soldaten dagegen. – Wir kommen von einer harten Geländeausbildung zurück und sind müde. Die meisten schalten ab, kämpfen gegen den Schlaf an. Augenlider klappen herunter. Wer beim Schlafen erwischt wird, muß aufstehen, schläft vor Müdigkeit im Stehen weiter.
Als Soldat lernt man, überall und in der unbequemsten Stellung zu schlafen. Der Dienstplan ist so angesetzt, der Schlaf so knapp bemessen, daß sich das Bewußtsein ständig in halbwachem Zustand befindet. Die natürlichen geistigen Widerstandskräfte sind stark herabgesetzt. Der Soldat schluckt so alles leichter, er schluckt alles, was ihm vorgesetzt wird. »Der Soldat braucht nicht zu denken. Das besorgen wir für ihn. Nachdenken ist gefährlich und führt zu nichts«, hat Fahnenjunker Landmann treffend formuliert. Typischer Ausdruck des Soldaten die völlige Ausdruckslosigkeit, während für ihn gedacht wird: leicht geöffneter Mund, entspanntes, schlaffes Gesicht; die Augen werden hin und wieder vom verhangenen Zustand aus weit aufgerissen, der Mund weiter aufgesperrt, wenn ein besonders starker Brocken zu schlucken ist. Die Berieselung geht so glatt vonstatten, direkt ins Unterbewußtsein hinein, wo sie am wirkungsvollsten ansetzt.
»Warum sind in Hiroshima so viele Menschen umgekommen? – Die Bombe war völlig neu, unbekannt die Wirkung. – Noch keine Schutzmaßnahmen vorhanden. Panikstimmung aufgekommen. – Vor allen Dingen Ruhe bewahren! – In Japan sind die Häuserwände bekanntlich aus Papier, Stroh und Pappe. Schon ein ganz kleiner Mauervorsprung gewährt Schutz! Nicht bange machen lassen! Die verantwortungslosen Wissenschaftler! Warnen vor der Bombe. Spielen mit der Angst der Menschen! – Die Militärs sind sich da einig: Jede neue Waffe hat auch wirkungsvolle Schutzmaßnahmen nach sich gezogen. – Jeder hat eine Chance zu überleben! Vor allem der geschulte besonnene Soldat. Da haben wir den Zivilisten viel voraus. Ich sage immer: Ein gut ausgebildeter Soldat ist eine halbe Lebensversicherung!« (Hauptmann Staller war im Zivilberuf in der Versicherungsbranche tätig.)
»Wollen der Sache nüchtern ins Auge blicken und rein wissenschaftlich zu Leibe rücken. Aufräumen mit den verbreiteten

Schauermärchen von den angeblich verheerenden Wirkungen von Megawasserstoffbomben. Großstädte könnten mit einem Schlag ausradiert werden. Glatter Unsinn. Typische Angstpsychosen!
Unsere Berechnungen und Schutzmaßnahmen gründen allein auf der Wirkung der bekannten 20-Kilotonnen-Bombe von Hiroshima. Diese Babybomben sind strategisch wirtschaftlich. Unterscheiden sich letzten Endes in der Sprengwirkung auch nicht von konventionellen Bomben. Nur, wo man früher ganze Bombenteppiche werfen mußte, genügt heute eine einzige A-Bombe. Also größere Produktivität. – Wenn der Russe bekanntgibt, er hätte heute A-Bomben mit hundertfacher Wirkung der Hiroshimabombe, so ist das nur psychologisch zu bewerten, in Wirklichkeit reiner Bluff! Was will der Feind mit einem Gebiet, das er vorher völlig verseucht hat, und mit einer Stadt, die total zerstört und verstrahlt ist. Er kann sie auf Jahre hinaus nicht besetzten. Strategisch völlig unrentabel! Man wird die ABC-Waffen schon aus diesen Gründen nie anwenden. Sie dienen lediglich der Abschreckung.
Wie verhält sich nun der Soldat, wenn eine Atomexplosion stattgefunden hat? Sie werden vielleicht lachen, lachen Sie jetzt ruhig darüber, wenn ich Ihnen sage, schon eine vorgehaltene Zeitung schützt. Von einem Erdloch ganz zu schweigen. Sie wissen ja gar nicht, wie gut Erde isoliert!« (Er rechnet es uns an Hand der »Halbwertzeit« vor.) »Vor allem: Flach hinschmeißen! Kopf in die Erde stecken! Ruhe bewahren und liegenbleiben, bis der Druck nachläßt. Langsam zählen, so die Entfernung vom Explosionsnullpunkt zur eigenen Lage feststellen. Das geht alles sehr schnell vorüber.
Nun zur Strahlengefährdung. Wenn Sie sich nicht in unmittelbarer Nähe des Explosionsherdes befinden, haben Sie alle Aussichten zu überleben. Der Mensch verträgt schon enorm hohe Dosen, ohne bleibende Schäden zu erlangen. Nichts Neues für uns. Wir sind alle schon geröntgt worden. Und die Leuchtziffern auf Ihren Armbanduhren speichern mit den Jahren eine beträchtliche Anzahl von Röntgeneinheiten in Ihrem Körper auf. Und Sie sind noch nicht daran gestorben, wie ich sehe! Vor ein paar Jahren noch erhielt jeder Soldat bei uns seinen eigenen Strahlungsmesser, damit er sich selbst überzeugen konnte, ab wann die Strahlung gefährlich für ihn würde. Nun abgeschafft, da zu kostspielig. Dafür jetzt wirksame Schutzmittel: Die

Schutzbrille gegen den Lichtblick haben Sie ja bereits erhalten.« (Es ist eine Motorradbrille mit dunklen Gläsern.) »Dann die weiterentwickelte ABC-Schutzmaske. Der Filter ist nicht allein gegen Strahlen wirksam, auch gegen biologische und chemische Kampfstoffe. Muß allerdings alle drei Stunden erneuert werden. Das üben wir hier noch.
Ferner erhält in den nächsten Tagen jeder von Ihnen die ABC-Schutzplane. Sie ist zusammenfaltbar und muß ständig in der rechten Hosentasche vom Arbeitsanzug mitgeführt werden. Sozusagen ein Allzwecktuch. Bei radioaktivem Niederschlag auseinanderfalten und über den Kopf stülpen. Bei verstrahltem Gebiet vor sich ausbreiten, die Isolierschicht nach unten, und sich auf der Plane vorarbeiten. Jeweils nachziehen und wieder vor sich ausbreiten. Bei einem wichtigen Kampfauftrag ist für den erprobten Soldaten auch verseuchtes Gebiet kein Hindernis. Ferner erhalten Sie eine regelrechte ABC-Apotheke in einem strahlensicheren Behälter. Darin befindet sich eine Atropinspritze, die Sie sich bei Vergiftungen selbst setzen können, dann Tabletten zur Entgiftung und Neutralisierung. Und noch etwas ganz Besonderes: ein Plastikfläschchen mit einer Art Hautöl. Einreiben am ganzen Körper, wo Strahlung oder Giftgase hingedrungen sind. Schädliche Wirkung wird im Nu aufgehoben. Nur eine Stelle am Körper nicht damit einreiben. Die Eichel. Sie schrumpft sonst weg.
Sie sehen, wir haben für Sie an alles gedacht. Der Zukunft fest ins Auge blicken. Bange machen lassen gilt nicht.«

27. 7. – Freitag – 8 Uhr – Allendorf
Wir üben »Durchsagen von Parolen«. Hocken nebeneinander im Schützengraben.
Vorne gibt der Zugführer, Stabsunteroffizier (Stuffz.) Flach, die Parole aus. Einer flüstert sie dem anderen weiter. Der letzte muß sie auf Papier notieren und wieder nach vorn zum Stuffz. bringen. Der Stuffz. überreicht sie dem Hauptmann. Der liest sie laut vor, sie muß mit der ausgegebenen genau übereinstimmen. Einzelne Zahlen werden schon mal falsch weitergegeben, und der Hauptmann regt sich jedesmal darüber auf. Er sagt, im Ernstfall könne das fahrlässige Tötung bedeuten, da könne das Leben einer ganzen Kompanie von abhängen.
Eine neue Parole wird mir von meinem Nebenmann zugeflüstert: »7 feindliche Panzer, 3 km aus SSO mit 25 km/h auf

eigene Stellung zu bewegend. Fertigmachen zum Sturmangriff.«
Ich gebe weiter: »ABC-Alarm. Abwurf der A-Bombe 100 m östlich. Atomblitz von links! Kopf in den Sand! Zeitung drauf!«
Einer gibt dem andern mit der größten Selbstverständlichkeit die neue Parole durch. Der letzte notiert sie und eilt damit zum Stuffz.; dieser überreicht sie dem Hauptmann. Der will zum Vorlesen ansetzen, wird ganz blaß, als er die Falschmeldung liest. Er blickt mich strafend an. Aber er schweigt und geht der Sache nicht nach.

27. 7. – Allendorf
Ein Unteroffizier, den ich noch nie gesehen habe, sieht mich herausfordernd an.
Er: »Können Sie nicht grüßen?« Ich: »Oh, doch!« Er: »Also, warum grüßen Sie nicht? Haben Sie es nicht gelernt?«
(Wir haben es stundenlang geübt, das Salutieren. Wir wurden so lange dressiert, bis wir ein zackiges Männchen machen konnten. »Grußabnahme« nannte man es. Vor dem Hauptmann persönlich mußte jeder einzelne den Dressurakt vorführen.)
Ich: »Warum sollte ich Sie grüßen, ich kenne Sie nicht!« Er: »Sie haben ein Benehmen! Grüßen Sie zu Hause Ihre Verwandten und Bekannten auch nicht?« Ich: »Die kenne ich auch. Und wenn sie mir nicht passen, grüße ich nicht.«
Er notiert hierauf Namen und Kompanie von mir und will eine ›Meldung machen‹.
Jetzt weiß ich, daß es nicht auf den Menschen in der Uniform ankommt, sondern auf die Uniform an sich. Man grüßt das Dienstgradabzeichen vom ›Uffz.Winkel‹ aufwärts bis zu den Goldsternen der Generäle.
Ich bemühe mich, früh genug seitwärts zu blicken, wenn mir solch ein ehrerbietungsheischender Dienstgrad über den Weg läuft.

28. 7. – Dienstag – 7 Uhr
Die Soldaten werden der Größe nach in Reih und Glied vor der Kaserne aufgestellt. Junge Ausbilder schubsen an einem rum. »Noch einen Schritt vortreten! So, stehn! Der linke Fuß noch 10 cm vor! Halt! Zurück! Passen Sie doch auf! Ich sagte 10 cm und keinen Meter! Der ganze Haufen noch drei Schritte nach links! Links Feld, marsch! Nehmen Sie Abstand voneinander!

Daß Sie mit gespreizten Ellenbogen gerade Tuchfühlung mit dem Nebenmann haben! Nicht so nahe, Mensch, sind Sie verrückt! Auseinander! Auseinander! Gehn auf wie die Warmen!« usw. Man nennt es Appell. – Der Oberfeldwebel Schulz geht durch die Reihen, kontrolliert den Haarschnitt. »Ich befehle hiermit, daß jeder zum Wochenende einen militärischen Haarschnitt aufweist! Es ist ein Unding, als Soldat so rumzulaufen! Wir werden aus euch verlausten Zivilisten schon noch zackige Soldaten machen! Schon wieder so ein verheerender Haarwuchs! Der Pelz ist am Wochenende ab, sonst ist Ausgangssperre! Der Rundschnitt kommt weg. Ein Soldat trägt Fasson! Richtschnur: Streichholzlänge! Seht mich an!« Sein Haarwuchs scheint von Natur aus nicht gerade üppig. Dazu noch durch rigorosen Kahlschlag an allen Seiten gestutzt.

29. 7. – 9. 30 Uhr – Allendorf
»Antreten vor der Kaserne zur Sportausbildung!
Aufstellen in Marschordnung!
Abzählen!« – Einer stockt beim Zählen. – »Noch mal abzählen!
Zu leise! Verdammt, könnt ihr nicht brüllen! Wenn ihr was sagen dürft, kriegt ihr's Maul nicht auf! Von vorne!«
Jetzt klappt es.
Es ist schwül. Wir haben nur Turnhose, Turnhemd mit Bundesadler und Turnschuhe an.
Fahnenjunker Landmann geht durch die Reihen, sieht, ob auch keiner ein Kettchen oder seine Armbanduhr anbehalten hat (streng verboten).
Einer von uns hat eine besonders unförmige Turnhose abbekommen. Sie schlottert ihm fast bis an die Knie.
Fahnenjunker Landmann argwöhnt: »Hat der Kerl bei der Hitze etwa noch eine Unterhose drunter verborgen!« – Der wehrt ab. – Fahnenjunker: »Komm, dreh dich rum! Laß sehen!« – Zieht den Gummi von dessen Hose vor, läßt ihn zurückflitschen. – »Da hast du noch mal Glück gehabt, daß der blanke Arsch zum Vorschein kam!«
Inspiziert weiter nach Kettchen und Armbanduhren. Kassiert einige ein. »Gegen eine Spende für die Gruppenkasse nachher beim UvD wieder abzuholen!«
Stabsunteroffizier Flach kommandiert: »Rechts um! Einnehmen von Laufstellung!« Alle müssen daraufhin beide Hände

gleichzeitig hochnehmen und in Brusthöhe anwinkeln. Dann heißt's erst: »Im Laufschritt! Marsch!«
Die meisten halten ihre Arme steif am Brustkorb angepreßt. Auf dem Sportplatz angelangt, beginnt der militärische Sport. Er wird meist einen Tag nach einem längeren Marsch angesetzt oder noch am gleichen Tag nach einer harten Geländeausbildung.
Gestern war ein »15-Kilometer-Gewöhnungsmarsch«. Die Knochen sind steif, die Muskeln verhärtet, viele von uns haben Blasen an den Füßen, die meisten Muskelkater.
Man ist davon überzeugt, die nun folgende »Hau-ruck-Gymnastik« diene der Auflockerung und Entspannung.
Stabsunteroffizier Flach vollzieht sie jeweils nach folgendem Ritus: Er pflanzt sich vor uns auf. »Antreten in Dreierreihe, Front zu mir!« – Es geht ihm nicht schnell genug. Er kehrt uns den Rücken zu. Wir müssen rechts um ihn herumlaufen und uns wieder vor ihm aufbauen. Dabei gibt's ein Geschiebe und Gestoße.
Stuffz. Flach macht noch mal große Kehrtwende um sich selbst, und wir müssen wieder in großem Bogen um ihn herumhetzen.
Dann läßt er uns stehen. Brüllt: »Abstand! Auf Armweite!« Fügt noch den beliebten Scherz der Ausbilder hinzu: »Mehr Abstand! Stehn da zusammen wie die Schwulen!« Brüllt: »Sportlerstellung!« – Alle haben hierbei ihre Füße zu spreizen und die Arme auf dem Rücken zu verschränken, wobei die rechte Hand den linken Unterarm umfaßt.
Flach beginnt dann mit der ersten Übung.
»Kopfrollen!« – Zuerst von links nach rechts, dann von rechts nach links, immer abwechselnd. Er macht's vor. Er dreht seinen Kopf wie einen Dilldopp, daß einem ganz schwindelig dabei werden kann. Hält ein, um unsere Köpfe rollen zu sehen. Brüllt: »Schneller! Schonen Sie Ihre Köpfe nicht! Was meint ihr, wozu eure Köpfe alles nutze sind! Man muß es knacken hören!«
Die nächste Übung: »Entengang einmal quer über den Platz!« Macht ein paar Schritte vor. Geht aufgerichtet vor uns her. Wir müssen runter in die Knie und hinter ihm herwatscheln. Das ist sehr anstrengend.
Flach macht kurz »quak, quak«, und wir sollen ihm laut quakend folgen. Die meisten quaken mit sichtlichem Vergnügen, einige, um nicht unangenehm aufzufallen.

Anschließend spielen wir noch »Häschen, hüpf«, müssen in der Hocke in großen Sätzen über den Platz setzen.
Flach: »Das diente der Auflockerung. Jetzt wollen wir als Training für den Heeressporttag alle 5000 Meter laufen.«
Ausgepumpt schleppen sich die meisten über die Runden. Nachdem sich die letzten mehr torkelnd als laufend durchs Ziel geschleppt haben, wird gesammelt.
Mit dem Lied »Oh, du schöner Westerwald« geht's zurück zur Kaserne.
Hier müssen wir noch mal mehrere Minuten im Stillgestanden verharren. Danach müssen alle auf einmal auf Kommando kräftig »hurrá« brüllen, und weil der Spieß gerade am Fenster erscheint, noch mal lauter und zackiger »húrra«. Dann läßt man uns in die Kaserne.

2. 8. – Freitag – Allendorf
Unter »Maskenball« habe ich mir bisher immer was anderes vorgestellt.
Auf Pfiff stürmen wir alle die Stuben – Stabsfeldwebel Klug hat die Stoppuhr gedrückt – und müssen in drei Minuten wieder von Kopf bis Fuß umgezogen vor der Kaserne antreten. Innerhalb einer halben Stunde probieren wir so sämtliche Klamotten mehrfach an.
Einmal Ausgehanzug, darauf Kampfanzug, Arbeitsanzug, Trainingsanzug, jeweils 3 Minuten Zeit. Wir geraten ins Schwitzen dabei. Die klobigen ›Kanalarbeiterstiefel‹ müssen bei jedem Umziehen aus- und wieder angezogen werden. In dieser Hitze mit geschwollenen Füßen ohne Stiefelknecht jedesmal ein Gewaltakt.
Das soll für den Ernstfall von Nutzen sein. Bei den knappen Warnzeiten bei Atombombenabwurf muß der Soldat sich innerhalb kürzester Fristen kampffertig umziehen können und die Kaserne verlassen.

5. 8. – Allendorf
Schmitz und Müsaler haben ebenfalls einen Antrag auf Wehrdienstverweigerung gestellt. Schmitz schreibt in seinem Antrag, daß er »nicht mehr bereit ist, sich zum Töten von Menschen abrichten zu lassen«. Er will statt dessen den zivilen Ersatzdienst ableisten. Schmitz bringt ausführliche humanitäre und religiöse Gründe vor. Müsaler versteht sich nicht auszu-

drücken. Er schreibt nur, »daß er lieber Menschen pflegen will, als welche umbringen zu müssen.«
Die Verhandlung findet für beide bald darauf in Frankfurt statt. Müsaler wird als erster ›vernommen‹. Der Vorsitzende versteht es, ihn so einzuschüchtern, daß er seinen Antrag zurückzieht, ehe es überhaupt zur Verhandlung gekommen ist. Er sagt ihm, daß er seinen Wehrdienst ohnehin voll ableisten muß und anschließend noch seinen Ersatzdienst dazu. So weit reicht der Idealismus von Müsaler natürlich nicht, das kann keiner von ihm verlangen. Unter diesen Umständen zieht er den Antrag zurück.
Schmitz wird als nächster hereingerufen. Bei ihm ist man vorsichtiger mit falschen Behauptungen. Man weiß, daß er sich vorher informiert hat. Man sagt ihm als erstes, er solle es sich gut überlegen, ob er seinen Antrag aufrechterhalten wolle. Ob er wisse, was ihm als Kriegsdienstverweigerer bevorstünde? Er müsse in der Irrenanstalt Verunstaltete pflegen mit solchen Köpfen. – Der Vorsitzende bläht dabei seine Backen auf und läßt seine Augen hervorquellen.
Übrigens sei sein Vater doch höherer Beamter bei der Polizei. Ob er bedenke, in welche Schwierigkeiten er seinen Vater durch sein unüberlegtes Vorgehen bringen könne? Schon der Karriere seines Vaters wegen müsse er von seinem überstürzten Entschluß zurücktreten. Schmitz will es trotzdem darauf ankommen lassen. Die Verhandlung findet statt. Sie dauert über zwei Stunden. »Der Antrag des Soldaten Schmitz wird abgelehnt.« Man rät ihm dringend davon ab, hiergegen Widerspruch einzulegen, das führe doch zu nichts. Schmitz resigniert und widerspricht nicht.

7. 8. – Allendorf
Schütze Eberlein muß wieder mal pumpen. Er hat vergessen, den Mündungsfeuerdämpfer auf sein Gewehr aufzuschrauben. Er muß aus der Kompanie raustreten, drei Schritte vor die andern.
Fahnenjunker Landmann befiehlt: »Pumpen! Nieder zu meinen Füßen! Liegestütz einnehmen! Zehn fürs Vaterland!«
Fahnenjunker Landmann ist etwa dreiundzwanzig Jahre, auch nur wehrpflichtig, will sich aber weiterverpflichten, um zum Fähnrich aufzuklimmen und als Leutnant der Reserve »ruhmreich« abzugehen.

Schütze Eberlein geht schwerfällig in die Knie, nimmt Liegestütz ein. Schütze Eberlein fällt immer auf. Er ist das Gegenstück zum »schneidigen, harten Soldaten«, wie er auf Werbeplakaten der Bundeswehr zu »bewundern« ist.
Der Fahnenjunker befiehlt: »Hören auf mein Kommando! Auf mein Zählen gleichmäßig pumpen!«
Er fängt an, gleichmäßig und langsam, beginnt von hinten: »Zehn – zehn – – eins – zwei – drei – – neun – acht – sieben, noch mal zehn – und wieder zehn.« – Eberlein prustet, sackt ganz zu Boden. Protestiert: »Ich kann nicht mehr, Herr Fahnenjunker, die zehn sind voll.«
Fahnenjunker: »Was, auch noch die große Klappe riskieren! Liegt wie ein nasser Sack da! Soll ich dir wohl Beine machen!«
Eberlein geht wieder in Stellung.
Der Fahnenjunker hält seinen Fuß drohend über ihn, damit es ihm nicht einfällt, aufzustehen, zählt wieder: »Zehn – – elf – –, jetzt noch einen für unseren Spieß, zwölf – –, für unseren Hauptmann, dreizehn –, für deine Kameraden, vierzehn« – (Gelächter der anderen) – »für mich noch einen ganz besonders schönen, noch einmal von vorn, und eins ...«
Eberlein gibt auf und bleibt liegen.
Fahnenjunker: »Schlapper Hund! Scher dich weg! Ich will dich nicht mehr sehen! Auf, auf, marsch, marsch!« – Eberlein erhebt sich ächzend, begibt sich wieder in Reih und Glied.

18. 8. – Donnerstag
Wie immer 5 Uhr früh Wecken. Danach Marschieren zur 400 m weiter gelegenen Kantine, jedesmal auf Befehl mit einem »frischen Lied« auf den Lippen, die Müdigkeit noch in den Knochen. Wenn's nicht klappt, heißt's »Im Laufschritt, marsch!« oder »Deckung!«, bis es klappt.
Heute steht laut Dienstplan ein 15-km-Gewöhnungsmarsch bevor, von allen wegen der großen Hitze gefürchtet. Als Begleitgegenstände sind mitzunehmen: ›Stahlhelme‹ auf dem Kopfe, ›Sturmgepäck‹ auf dem Rücken, und für die anderen noch das ›G 3‹ über der Schulter.
Um 7 Uhr, nach dem üblichen Appell, ›Abrücken‹ zum 8 km entfernten Truppenübungsgelände Kirtorf. Es geht ohne Pause durch, streckenweise über Landstraßen und Wege, sonst querfeldein. Das Tempo ist nicht allzu scharf.

Auf dem Truppenübungsgelände erprobt jede Gruppe für sich die verschiedenen ›Gangarten‹. Diese reichen vom normalen aufgerichteten Gehen bis hin zum wurmartigen Kriechen, ›Gleiten‹ oder ›Robben‹ genannt. Zwischenduch das Mittag- und Abendessen ›gefechtsmäßig‹ eingenommen.
18 Uhr. Abendessen, Essensplatz. Alles hockt im Unterholz und lümmelt sich den Fraß in den Darm. In einiger Entfernung von mir bildet sich plötzlich ein Auflauf von Soldaten, wird von schnauzenden Ausbildern gleich wieder auseinandergetrieben. Die Ausbilder formieren sich zu einem geschlossenen Kreis, lassen keinen heran. Es gelingt mir, hinter einem Baum versteckt, zu sehen, was los ist. Auf dem Boden liegt jemand, von einer Zeltplane verdeckt, regungslos, wie tot. Ein Feldwebel öffnet das Koppel, reißt das Hemd weit auf, setzt eine Spritze, massiert behutsam die Herzgegend. In dem kleinen Häufchen Elend erkenne ich jetzt den Freiwilligen Morio, der wegen körperlicher Mängel von den anderen viel verspottet wurde. Erst vor kurzem war er mir aufgefallen, als er zum Gespött der andern, das Gewehr in Vorhalte, heulend, mehrmals um den Exerzierplatz rennen mußte. Der Stahlhelm rutschte ihm immer wieder von seinem spitzen Aztekenschädel ins Gesicht und nahm ihm die Sicht. Er hatte mit seinen kurzen Schritten den Gleichschritt nicht einhalten können und mußte zur Strafe die ›Runden drehen‹. – Jetzt kommt wieder Leben in ihn, sein schmächtiger Brustkorb geht stoßweise auf und ab, er röchelt, schlägt die Augen auf. Der Unfallwagen unserer Sanitätsstation trifft bald darauf ein, man lädt ihn sehr schnell auf die Trage und braust ab.
In der nächsten Woche fehlt er bei den Übungen, es heißt, er liege im Krankenrevier und erhole sich von seinem Kollaps. Er ist bald wieder auf den Beinen; man sieht ein, daß er für die harte Grundausbildung nicht mehr zu gebrauchen ist; ihn befallen jetzt öfter kleinere Schwächeanfälle. Er wird auf die Schreibstube versetzt, wo er auf seine Entlassung wartet, die man ihm versprochen hat. Der Mythos vom heldenhaften Soldaten in ihm ist zerbrochen. Er hofft über einen Monat vergeblich auf seine Entlassung, wird statt dessen dann wieder ›voll diensttauglich‹ geschrieben. ›Jeder Mann wird gebraucht, es fehlen der Bundeswehr allein 20000 Unteroffiziere.‹
Wie kam es nun zu diesem Unglück? Man hörte in letzter Zeit in der Presse viel von zu harter Ausbildung der Rekruten,

Schindereien mit zum Teil tödlichem Ausgang. Unsere Kompanie, die 8/2, zählt nicht gerade zu den Elitetruppen wie die Fallschirmjäger zu Nagold. Unsere Ausbildung ist wesentlich milder. Lag es am Ausbilder? Gefr. Kasky war an diesem Tage der stellvertretende Gruppenführer des ›Pechvogels‹ Morio. Man sagt ihm allgemein einige Schikanen nach, aber wer von den Ausbildern war nicht der üblen Nachrede der Unterdrückten ausgesetzt. Mir war er z. B. immer betont höflich gekommen. Ich will versuchen, anhand der Berichte seiner Kameraden und seiner eigenen Schilderung aufzuzeichnen, wie es geschah:
Gefr. Kasky führt die zwölf Mann starke 14. Gruppe auf den Truppenübungsplatz. Er übt ›Einnehmen von Schützenreihe und Schützenrudel‹. Die Gruppe muß sich dabei laufend, das ›Gewehr im Anschlag‹, aus einer langgezogenen Reihe in eine doppelte Linie umformieren. Es klappt ihm nicht schnell genug. Er befiehlt darauf in kurzen Abständen hintereinander: »Deckung! Fertigmachen zum Sprung! Sprung auf, marsch, marsch!«
Er selbst steht in einiger Entfernung abseits, brüllt, wenn die Gruppe außer Rufweite zu geraten droht ›Deckung! Auf dem Koppelschloß kehrt!« und wieder von vorn: »Deckung!« »Auf!« »Deckung!« usw. Nach einer halben Stunde sind die meisten der Gruppe sichtlich erschöpft. Der Schtz. Wassermann kommt nicht mehr mit, der Schtz. Hummel erbricht sich, der Schtz. Morio bricht das erste Mal vor Erschöpfung zusammen, rafft sich aber wieder hoch, als es heißt »Sprung auf, marsch, marsch!«. Er versucht die anderen einzuholen, bricht das zweite Mal zusammen, bleibt liegen. Der Ausbilder hat ihn bemerkt, geht zu ihm hin. Morio gibt zu verstehen, daß er nicht mehr kann, starke Herzschmerzen verspürt und keine Luft mehr bekommt. Kasky reißt ihn am Koppel hoch mit der Bemerkung »Du kannst noch sprechen, also kannst du auch noch laufen!« – Er ruft die Gruppe zusammen und verspricht eine Zehn-Minuten-Pause, wenn alle im siebzig Meter entfernten Wald sind. Er befiehlt »Wegtreten in den Wald zur Pause!« und zählt langsam bis zehn. Alle schaffen es in der Zeit, außer Morio, der in den Stacheldraht einer Panzersperre fällt – er »sah alles schwarz vor Augen«. Er bleibt vor Erschöpfung liegen, blutet etwas an der Hand. Kasky kommandiert ihn aus vierzig Meter Entfernung zu sich zurück und befiehlt ihm aufs neue,

innerhalb von zehn Sekunden bei den andern im Wald zu sein. Morio läuft zum zweiten Mal los, übersieht wieder den tückisch gelegten Stacheldraht, fällt zum zweiten Mal hinein und bleibt darin hängen. Kasky läuft zu ihm hin, befreit ihn aus dem Draht und schickt ihn zu den anderen zur Pause, diesmal ohne zu zählen.
Die Pause dauert für ihn keine fünf Minuten; alle stöhnen unter der großen Hitze (an die 30 Grad), haben Durst und nichts zu trinken. Gefr. Kasky bestimmt in 250 m Entfernung einen Punkt im Gelände; die Gruppe muß ihm im Laufschritt folgen, er voraus, als Gruppenführer ohne Gepäck und Gewehr. Droht: »Wenn einer schlappmacht, macht die ganze Gruppe abends noch Formalausbildung!« – Auf halber Strecke bricht Schtz. Morio erneut zusammen. Kasky nimmt ihm zur Erleichterung das Gewehr ab, fordert ihn auf, aus ›Kameradschaftsgeist‹ mit der Gruppe mitzuhalten. Morio schleppt sich hinter den anderen mehr stolpernd als laufend her, gelangt noch bis zum Essensplatz, 18 Uhr, sackt erneut zusammen. Man befiehlt ihm, sein Abendessen zu holen und einzunehmen; er holt noch sein Essen, bricht danach endgültig ohnmächtig zusammen. Die Sache verläuft im Sand. Der Kompaniechef, Hauptmann Staller, weiß von dem Vorfall. Er war an dem betreffenden Tag mit seinem Jeep zur Besichtigung der Übungen anwesend. Er geht der Angelegenheit nicht extra nach. – Jede dritte Planstelle für Ausbilder ist unbesetzt bei der Bundeswehr.
Der Schtz. Morio macht die Grundausbildung wieder mit, verspürt bei jeder besonderen Anstrengung oder Aufregung sein angeknacktes Herz und hofft darauf, nach der dreimonatigen Rekrutenzeit wieder in die Schreibstube aufgenommen zu werden. Er muß jetzt sehen, daß er seine drei Jahre, für die er sich freiwillig verpflichtet hat, ohne weiteren Unfall abdient.

20. 8.

Hauptmann Staller spricht in der Kompaniebelehrung von der bevorstehenden ›Wachvergatterung‹. (Das ist Wache schieben.) Erzählt uns, wie ernst er seine Pflicht früher als Wachposten genommen hat:
»Da lasse ich nicht im geringsten mit mir spaßen. Zweimal habe ich dabei von der Waffe Gebrauch gemacht. Das eine Mal versuchte ein Besoffener mich an der Krawatte zu packen. Nach vorhergegangener Warnung habe ich scharf auf ihn geschossen.

Ich machte lediglich von meinem Notwehrrecht Gebrauch. Ich lasse mich in Uniform erst recht nicht anpöbeln. In der darauffolgenden Untersuchung wurde mir das Recht dazu nachträglich zugesprochen. Der Besoffene wurde sogar nach einigen Wochen wieder aus dem Krankenhaus entlassen.«

21. 8. – Dienstag
Laut Dienstplan 9.00–9.50 Uhr »Lebenskundlicher Unterricht« (beim betreffenden Standortpfarrer). Das Kommando hat gelautet: »Kompanie raustreten! In Marschordnung antreten! Die Evangelischen links! Die Katholischen rechts!«
Die Kompanie ist vor der Kaserne angetreten, links die Protestanten, rechts die Katholiken. Ich stehe bei den Katholiken.
Der UvD brüllt: »Katholiken stillgestanden! Richt't euch! Augen geradeaus! Rechts um! Im Gleichschritt, marsch!« Wir marschieren 30 Meter weiter zur nächsten Kaserne, die Ausbildungskompanie 5/2. Der UvD kommandiert: »Links – links – links – zwo, drei, vier – links! Marschordnung! Abteilung halt! Rührt euch!«
Es wird durchgeführt, das heißt: alles hat die Hacken zusammengeschlagen und den Kopf um 90 Grad nach rechts bis zur Schulter zu verdrehen. Der rechte Flügelmann hat dann mit einem lauten Zischen zu explodieren, wobei alle Köpfe wieder geradeaus weisen müssen und das linke Bein einen halben Schritt vorgesetzt werden muß.
Das ist vorschriftsmäßig geschehen, und der UvD brüllt wieder: »Katholiken, stillgestanden! Rottenweise, Reihe rechts, in den Lehrsaal einrücken!« – Die hinteren Plätze sind zuerst belegt, die vorderen Reihen bleiben leer.
Der UvD brüllt: »Alles auf! Achtung!« Die Köpfe gehen ruckweise nach rechts zur Tür, wo der Pfarrer erscheint; er überblickt wohlwollend die angerückte Schar, sagt: »Setzt euch. Ihr sollt euch hier wie zu Hause fühlen. Ich darf mich als euer Standortpfarrer vorstellen; ich bin der Allerliebste, so heiße ich auch«, schreibt »Liebe« an die Tafel.
»Keine Angst! Ich frage euch nicht über Religion aus. Ich habe das Vergnügen, mit euch Probleme zu besprechen, die uns alle angehen. Besonders den jungen Menschen von heute und den Soldaten. Und das wollen wir doch alle werden, oder ist etwa jemand unter uns, so ein Wolf im Schafspelz, aber der wird sich bei uns schnell ändern. – Ich lasse es mir auch diesmal nicht

nehmen, jeden einzelnen persönlich zu begrüßen und jedem kräftig die Hand zu drücken. Dabei soll mir jeder Namen und Beruf nennen.«
Er geht durch die Reihen, fragt hier zusätzlich nach dem Heimatort, spricht dort jemanden in dessen Mundart an. Nachdem er auch dem letzten die Hand gereicht und zusätzlich noch auf die Schulter geklopft hat, kehrt er nach vorne zurück und kommt in temperamentvoller Gestikulation zum Thema und Zweck seiner Rede: »Es gibt auch unter euch vielleicht einige, die sich fragen, was hat der da als Pfarrer beim Kommiß zu suchen. Wo doch in der Bibel steht: ›Du sollst nicht töten‹ und wir doch das Schießen gelernt kriegen. Da sind wir gleich beim Hauptproblem angelangt. Ich will euch gleich sagen, ich bin stolz darauf, als Soldatenpfarrer eingesetzt zu sein. Ich weiß nicht, wie die derzeitigen Bestimmungen für den Geistlichen im Ernstfall lauten, aber ich würde es als meine verdammte Pflicht ansehen, mit dem Gewehr mit ins Feld zu ziehen. Ich unterstehe der Kirche, erhalte meine Besoldung aber von der Bundeswehr. Dienstrangmäßig etwa die Stufe eines Majors. War vorher lange Jahre Zuchthauspfarrer. Kenne mich hier aus. Aber zurück zum Gebot ›Du sollst nicht töten‹. Wie ist das nun gemeint? Sollen wir uns vor den Russen stellen und sagen: ›Hier, das 5. Gebot, ich tu' dir nichts, du kannst mich abknallen‹? Ihr seht schon, daß das nicht von Gott gemeint sein kann. Mit dem Gebot wird ausgedrückt, daß wir zuerst mal unser eigenes Leben, das uns Gott geschenkt hat, achten und verteidigen müssen. Es ist also Sünde, wenn wir Selbstmord begehen!«
Einzelne werden bei der Auslegung dieses Gebotes unruhig und besprechen sich mit ihrem Nebenmann.
Der Pfarrer: »Wenn jemand Fragen dazu hat, kann er privat zu mir kommen, ich werde ihn schon darüber belehren: er kriegt dann auch einen Schnaps eingeschenkt, hier haben wir die nötige Zeit nicht dazu. Aber ich glaube, kein vernünftiger, gesunder junger Mann zerbricht sich darüber den Kopf. Ich weiß, es gibt welche, die sagen, ich kann keinen Menschen töten, und dabei auf die Bibel pochen, aber die sind in meinen Augen sowieso nicht normal. Ich möchte den unter euch sehen, der sich nicht gerne prügelt, wenn ihm jemand zu nahe tritt oder seine Mutter beleidigt wird; und das gehört sich auch so für junge Kerls, wie ihr es seid. Und ich sage: Auch Pfarrershände sind

nicht allein zum Segnen da, sondern müssen auch prügeln können! Da dachte ich als junger Kaplan einmal anders: Ich sagte mir, diese Hände sind von Gott nur zum Segnen geschaffen. Heute halte ich jedem die Faust hin, der was will, und sage: ›Hier, riech mal!‹ Meint ihr, ich ließe mich noch mal von einem Dreckskommunisten die Treppe runterschmeißen, nur weil ich mich gütlich mit ihm auseinandersetzen wollte. Ich war so dumm und hab' mich nicht gewehrt... Es kommt immer darauf an, was wir zu verteidigen haben. Wir haben die Pflicht, unser Privateigentum zu bewahren, und die Aufgabe, es zu vermehren. Wenn jemand kommt und will es uns abspenstig machen, müssen wir Gewalt anwenden. Ich hielt lange Jahre einen scharfen Schäferhund im Garten vor meinem Haus, und wehe dem Einbrecher! Wir haben die verdammte Pflicht, unser Vaterland, unsere Familie und vor allem, daß wir ungehindert unsere Religion ausüben können, daß wir das mit der Waffe verteidigen und nie preisgeben! Es ist die heilige Pflicht eines jeden Christen, das mit der Waffe zu verteidigen!« (Pause. Er scheint selbst etwas erschrocken über diese Formulierung. Besinnt sich. Lenkt ein.)
»Ich weiß, daß es manch einem schwerfällt, sich hier rumkommandieren und anbrüllen zu lassen. Aber er sollte sich unterordnen und fügen. So etwas wie Dank diesen Männern und der Regierung gegenüber empfinden, die die Verantwortung für ihn tragen. Ich will dafür ein Beispiel aus meiner Erfahrung bringen. Im letzten Krieg hatte ich einen schweren Bauchschuß abbekommen, das ganze Bauchgewebe war weggeschossen. Viele Ärzte hatten mich schon aufgegeben. Da fand ich einen Arzt, der die erforderliche, aber lebensgefährliche Operation riskierte. Er setzte für das fehlende Bauchgewebe eine Kunststoffmasse ein, wodurch ich mich wieder frei bewegen konnte. Es war für mich ganz selbstverständlich, daß ich mich nach der gelungenen Operation bei dem Mann bedankte für die große Verantwortung auf Leben und Tod, die er für mich übernommen hatte. Wie beschämend war es für mich, hören zu müssen, daß ich der erste Patient gewesen sei, der sich bei ihm bedankt hat... Nun, bald findet eure Vereidigung statt. Beim nächsten Mal werde ich auf den tieferen und religiösen Sinn dieses Gelöbnisses noch näher eingehen. Ich hoffe jedenfalls, daß euch meine Worte eingeleuchtet haben und daß ihr das auch alles einseht. Wer dagegen meckert, ist eigentlich gar nicht würdig, an der Diskussion teilgenommen zu haben.«

22. 8. – 19 Uhr – nach Dienst

Kurzfristig ist eine Testarbeit angeordnet worden, die für alle ›Dienst‹ ist. Alle müssen mit Papier und Schreibzeug in den Lehrsaal einrücken. Die Testarbeit betrifft in der Hauptsache wehrtechnische Fragen. Z. B.: ›Aus wie vielen Teilen besteht das MG, und wie heißen sie?‹ Oder wie man als einzelner Soldat einen ›feindlichen Panzer‹ unschädlich macht usw. Außerdem etwas über Karte und Kompaß und die Frage: »Wer ist der Verteidigungsminister, Bundespräsident, Kanzler?«

Ich bleibe in meiner Stube, um dem Unsinn zu entgehen.

Man hat mir meinen Verhandlungstermin immer noch nicht mitgeteilt; trotz meiner Beschwerde beim Kreiswehrersatzamt habe ich nicht mal eine Antwort darauf erhalten. Nach dem Gesetz müßte die Verhandlung schon vor einem Monat stattgefunden haben. Ich könnte längst hier raus sein. Ich habe Lust, jeglichen Dienst hier zu verweigern, morgens einfach Zivil anzuziehen. Ich sehne mich fast danach, unter Arrest gestellt zu werden. Eine Einzelzelle scheint mir erträglicher, als in diesem Herden- und Hordenbewußtsein aufzugehen. Der hohe Zaun um das Kasernengelände mit den patrouillierenden Wachtposten davor wirkt auf mich wie ein riesiges Zuchthaus.

Ich werde gesucht. Auf den Gängen wird nach mir gerufen. Ich rühre mich nicht. Man reißt die Tür auf, sieht mich nicht sogleich, knallt sie wieder zu. Fahnenjunker Landmann steckt seinen Kopf zur Tür herein, brüllt: »Wallraff, sofort raustreten!« Er sieht mich nicht. Ich stehe am Fenster und blicke gleichgültig hinaus. Er bückt sich unter die Betten, entdeckt mich schließlich. Er sagt was von ›sofort verhaften‹, wenn ich nicht mitkomme, und ›sowieso am Wochenende Feuerwache‹. Feuerwache am Wochenende bin ich gewohnt, ich sage: »Aber selbstverständlich, Feuerwache« und lasse mich in den Lehrsaal regelrecht abführen. Dort haben schon alle eifrig begonnen, die Fragen zu beantworten, die an der Tafel stehen. Ich lasse anfangs mein Blatt unbeschrieben, die Ausbilder gruppieren sich jedoch abwechselnd um mich, schnauzen mich an: »Mitschreiben, mitschreiben! Keine Extrawurst! Zeigen, waste kannst!«

Ich schreibe schließlich mein Gedicht »Der tiefere Sinn« auf ein Blatt Papier, falte es und gebe es anstatt der Testarbeit ab.

Mein Zugführer, Stabsunteroffizier Flach, läßt mich nachher, als er es gelesen hat, zu sich rufen, meint tief beleidigt, ich wolle sie wohl alle verarschen. Beschwert sich bei Hauptmann Stal-

ler, der mich wiederum zu sich kommen läßt. Er sagt: »Habe Sie noch viel zu weich angepackt. Dieser Unsinn ist die Folge. Wenn so etwas noch mal vorkommt – das sind Ansätze zur Meuterei –, streiche ich Ihnen jeglichen Wochenendurlaub! Allerletzte Warnung!«

28. 8. – Allendorf
Der Kompaniechef, Hauptmann Staller, hält vor versammelter Mannschaft eine seiner »großen« Reden, »spannend, wie ein Kriminalroman«, wie er sie selbst einmal bezeichnete, wohl wegen des Blutes, das unvorsichtigerweise hin und wieder durchsickert. Heutiges Thema der Unterrichtsstunde: »Befehl und Gehorsam.« Ein glatter, abgerundeter Text, wie er in jedem Staatsbürgerkundebuch für Schüler zu finden ist, alles als Realität dargestellt, so wie es im Idealfall zu sein hätte.
Kein Wort zur Problematik des vom Soldaten geforderten bedingungslosen Gehorsams. Die gleichen, für alles herhaltenden Schablonen. »Wir haben das große Glück, in einem Rechtsstaat zu leben.« »*Wir* haben die Regierung gewählt.« »Wer was kauft, muß auch dafür bezahlen.« »Wir müssen die Odnung im Staat notfalls mit Gewalt durchsetzen.« »Das schwierigste Problem im Staat ist die Einordnung der Armee in den Staat.« Hierauf die wankende Behauptung, jedoch mit entschlossener, fester Stimme, vorgebracht: »Die Bundeswehr wird nie ein Staat im Staate werden, sondern immer dem allgemeinen Rechtsstaat entsprechen.« Er setzt einen rasanten Schlußstrich unter seine Ausführung. Die Worte klingen wie Hohn: »Der Soldat hat folglich immer zu gehorchen, er kann nachher mit den ihm zur Verfügung stehenden Rechtsmitteln eines jeden Staatsbürgers feststellen lassen, ob der Befehl zulässig war.« »Damit beende ich den Unterricht, 20 Minuten früher als vorgesehen, Sie sind alle müde, der blaue Montag, mehr ist zu dem Thema ohnehin nicht zu sagen. Noch Fragen? Nehmen Sie Rücksicht auf Ihre Kameraden.« Ich habe eine Frage und melde mich. Hauptmann St.: »Sie kommen nachher zu mir und haben nicht das Recht, die Frage öffentlich zu stellen, da Sie auch keinen Dienst für diese Gemeinschaft leisten wollen.«
Nachher frage ich: »Fällt ein Exekutionskommando für einen Deserteur oder Kriegsdienstverweigerer, von Geiselerschießungen ganz zu schweigen, auch unter den unbedingten militärischen Begriff ›Befehl und Gehorsam‹?«

Hauptmann St.: »Sie denken sicher an die Endphase des Hitlerkrieges, wo so etwas bedauerlicherweise geschehen konnte. In unserer Demokratie ist die Todesstrafe abgeschafft. Wir müssen sogar noch Mörder und staatsgefährdende Elemente bis an ihr Lebensende mit unseren Steuergroschen durchfüttern.«
Ich: »Ich denke an jeden Krieg, in dem immer verschärfte und unmenschliche Gesetze vorherrschen. Bereits im 1. Weltkrieg stellte man Pazifisten wegen ihrer Gesinnung an die Wand, und im letzten Krieg waren Geiselerschießungen an der Tagesordnung.«
Hauptmann St.: »Das sind Märchen! Nach den damaligen Gesetzen wurden nur Zuchthausstrafen bis zu 10 Jahren gegen Deserteure und ähnliche Elemente verhängt; Ulbricht und Pieck waren übrigens auch von der Sorte und verbüßten damals langjährige Freiheitsstrafen. Ich bin, das ist meine private Meinung, für die Wiedereinführung der Todesstrafe und wäre mir nicht zu schade, sie eigenhändig auszuführen.« – Zwei Soldaten treten hinzu, um das Gespräch mitzubekommen. – Hauptmann St. einschränkend: Natürlich nur bei besonders schweren Verbrechen.« Ich: »Ist in Ihren Augen ein Deserteur ein Krimineller?« Hauptmann St. überlegt: »Nein, eigentlich nicht. Im Friedensfall ein verhältnismäßig geringfügiges Vergehen, aber im Ernstfall...! Übrigens, Sie unterschätzen die Verteidigungsbereitschaft Ihrer Kameraden. Sie sind stolz darauf, die Freiheit ihres Vaterlandes mit der Waffe verteidigen zu dürfen.« Ich: »Das glaube ich nicht, man zwingt sie schließlich dazu, freiwillig sind die wenigsten hier. Er mustert mich feindselig und schneidet mir mit der Bemerkung das Wort ab: »Wenn ich Sie so vor mir stehen sehe. Sie haben eine Mähne, die abgeschoren werden muß!«

Allendorf
Schütze Peter legt Wert auf seinen individuellen Haarschnitt. Etwas länger als der zivile Durchschnitt. Entschieden zu lang für den soldatischen Haarschnitt. Er hat schon ein gestrichenes Wochenende dafür in Kauf genommen.
Peter hat sich der Befehlsverweigerung schuldig gemacht. Der Spieß: »Ich befehle Ihnen ausdrücklich, daß Sie bis Freitag beim Friseur waren. Und kein Rundschnitt. Sonst ist Ihr Wochenende futsch. Es ist ein Unding, daß der Soldat durch seinen Haarschnitt die Bundeswehr in der Öffentlichkeit blamiert!«

Peter fand, daß er es noch längst nicht nötig hätte, zum Friseur zu gehen, und ließ lieber sein Wochenende futschgehen.
Montag schreitet der Spieß zur Selbstjustiz. Er packt Peter am Arm und führt ihn dem Kasernenfriseur zwangsvor, drückt ihn dort in den Stuhl, postiert sich hinter ihm als Wachtposten. Daß er ihn nicht anschnallen läßt, ist alles. Er gibt darauf dem Friseur Anweisungen über Länge und Art des Schnittes. Peter protestiert und wird niedergeschrieen.
Wie eine gerupfte Ente verläßt er schließlich die »Stätte der Barberei«, verzichtet das nächste Wochenende freiwillig auf seine Heimfahrt, da er sich vor seinen Freunden und Bekannten zu Hause wegen seines gestutzten Haares schämt.

Allendorf
Zwei Soldaten der Kompanie sind es leid, sich wegen zu langer Haare anschnauzen zu lassen, haben auch nicht das nötige Geld zur Verfügung, 2–3wöchig zum Friseur zu gehen. Sie schneiden sich gegenseitig eine Totalglatze. Verleihen damit, vielleicht unbewußt, ihrem Sträflingsdasein Ausdruck.
Sie erhalten darauf vom Hauptmann einen Verweis und etliche Wochen Ausgangssperre, ›um das Ansehen der Bundeswehr in der Öffentlichkeit nicht zu schädigen‹, bis ihre Haare wieder beigewachsen sind.

August – Allendorf
Schütze Peter muß ein paar Wochen im Bau absitzen. Er ist nach seinem ersten Wochenendurlaub nicht gleich wieder zur Kaserne zurückgekehrt.
Man hat ihm unaufgefordert einen Jeep mit Fahrer und bewaffnetem Begleitschutz von Allendorf nach Frankfurt zugeschickt, um ihm die Rückfahrt zu erleichtern. Jetzt legt man ihm die Rechnung für das unbestellte Taxi vor und bietet ihm das Einzelzimmer im Arrestbau zwangsweise an.
Zusätzlich öffnet man dort seine Post, damit er keinen Drohbriefen ausgesetzt ist. Seine ausgehende Post liest man ebenfalls, ob ihm auch keine Fehler unterlaufen sind. Man verwahrt seine Privatsachen und nimmt sogar seine Schnürsenkel an sich, »da er zur Schwermut neigt«.
Einmal am Tage wird er an die frische Luft geführt, zusammen mit den anderen sechs Insassen. Sie müssen fünf Schritte Ab-

stand voneinander halten, dürfen nicht miteinander sprechen, müssen die Hände vorm Bauch verschränkt halten.
So begegnete ich ihm im Kasernengelände, als sein Wächter ihn mit dem Gewehr in Schach hielt, weil er zu nah auf seinen Vordermann aufgegangen war.

29. 8.
3.05 Uhr (nachts) Wecken
3.35 Uhr Antreten vor den Stuben (Arbeitsanzug, Sturmgepäck, Stahlhelm, Gasmaske, die anderen noch mit G 3)
3.40 Uhr Antreten vor der Kaserne
3.55 Uhr Abmarsch zur ›morgendlichen Geländeausbildung‹.
Unterwegs ›Auflösen der Kompanie aus dem Kompanierahmen in den Gruppenrahmen‹. Unsere Gruppe schlägt sich querfeldein durch die triefende Botanik. Zehnminutenpause, bei der ich einschlafe. Unsanftes Wecken. Weiter im Eilmarsch – wie im Traum –, damit wir ›endlich wach werden und nicht zu frieren brauchen‹.
Ganze Kompanie wieder versammelt auf riesigem Acker- und Wiesengelände, stellenweise in Sumpf übergehend. Gruppen werden wie Dung auf die einzelnen Äcker gestreut. Unsere Gruppe darf sich auf einem Rübenacker tummeln, ihn eggen bei ›Gangart Gleiten I‹, ihn regelrecht umpflügen bei ›niederster Gangart Gleiten II‹. Es hat die Nacht über tüchtig geregnet. Das ist gut so für den Acker. Er hat lange unter Trockenheit gelitten und die Feuchtigkeit verdient. Für uns läßt sich so auch besser ›Gleiten I und Gleiten II‹ üben. Zwischendurch wechseln wir im ›geduckten, blitzschnellen Sprung‹ über einen Weg, ›vom angenommenen Feind mit MG unter Beschuß‹, in eine taufrische, klatschnasse Wiese hinein. Eine Wohltat, wenn wir hier wieder krabbeln und kreuchen dürfen. Die kalte Nässe dringt zwar bis auf die Haut, der Schlamm an einem wird dabei aber wenigstens wieder abgespült. Kaum sind wir auf diese Weise gesäubert, geht's wieder im ›geschlossenen Sprung‹ auf den ›Schindanger‹ zurück, wo wir uns noch mal im Matsch suhlen dürfen. Wir nehmen ›Schützenrudel‹ ein und bewegen uns so in den niederen Gangarten nach und nach vorwärts. Dazwischen jeweils: »Deckung! Granatsplitter von vorn!« Hierbei muß die Nase in das Erdreich gesteckt werden, daß nur der Stahlhelm sich

wie ein Maulwurfhügel erhebt und der angenommene Beschuß daran abprallt.
Plötzlich heißt's: »Masken auf! Verstrahltes Gebiet!« Damit schmeißt unser Ausbilder auch schon mit Tränengas wild um sich. Das Zeug beißt scharf in den Augen, man sieht nur noch verschwommen und bekommt zusätzlich noch Hustenreiz und Atemnot. Alle zerren an ihren Maskenbehältern, die Dinger klemmen in solchen Situationen meistens, würgen die Maske hervor. Bevor man sie luftdicht aufs Gesicht setzen kann, muß man noch die Haltebänder entwirren, Stahlhelm absetzen, Maske auf und Stahlhelm wieder drauf. Bis dahin haben die meisten genug Tränengas abbekommen. Das Zeug verfliegt schnell im Freien, und es heißt: »Entwarnung! Masken runter!« Man reibt sich die brennenden Augen, sie tränen dadurch um so mehr.
9.30 Uhr – Dreckverkrustet geht's vom Rübenacker wieder heimwärts zur Kaserne. In die nasse Wiese dürfen wir uns nicht mehr schmeißen, dafür aber unterwegs im Wald auf dem Laub rumrutschen. In der Kaserne reißen wir uns die nassen Klamotten vom Leib, die Tage zum Trocknen brauchen. Der Zweitarbeitsanzug zum Wechseln ist noch vom Vortage naß. – Morgen geht's wieder raus ins Gelände.

1. 9. – 13.30 Uhr
Unterwegs zur »Gaskammer«. Stabsunteroffizier Flach ist heute besonders gereizt. Er fühlt sich von allen »verarscht«. Sein Spezialausdruck. Sagt heute schon zum zehntenmal: »Sie wollen mich wohl verarschen, was?« Nachdem er festgestellt hat, daß er von uns »verarscht« wird, befiehlt er: »Der ganze Haufen nach rechts in den Wald, marsch, marsch!« Kurz darauf: »Deckung!« Wir müssen uns flach hinschmeißen, das Gesicht ins nasse Laub pressen. So läßt er uns fünf bis zehn Minuten lang liegen, danach wieder vor sich antanzen. Er ermahnt uns: »Dieser elende Sauhaufen! Ich lasse mich nicht verarschen! Es ist bald so weit, daß Sie mich zum Lachen gebracht haben! Wenn es einmal soweit gekommen ist, werden Sie Ihr Leben lang an mich denken! Dann werde ich Sie schleifen, daß Ihnen Ihre Beschwerdeschreiben nachher auch nichts mehr nützen!«
Ich habe ihn noch nie lachen sehen. Seine Gesichtsregungen beschränken sich aufs Zusammenpressen der Kinnladen. Auch

wenn er selbst etwas Spaßiges gesagt hat oder einen militärischen Witz reißt, verzieht er sein Gesicht nicht.
Der Schütze Schwaiger lächelt ihn besänftigend an. Flach todernst: »Mann, wenn Sie Ihre Visage nicht im Zaum halten, ich haue Ihnen ein Ohr ab! Ich meine es ernst!«
Flachs Wut ist noch nicht verraucht. Beim Gesang entlädt sie sich von neuem: »Ihr singt wie die Eunuchen! Wenn ihr mich verarscht, dann verarsche ich euch! – Atomwarnung! Masken auf! Im Laufschritt, marsch! Mir macht das nichts aus. Ich habe Sportabzeichen.« Ihm macht das nichts aus! Er hat Sportabzeichen und keine Maske auf! Unter der Maske wird das Laufen schwer, man kann kaum atmen.
Nach einem Kilometer machen wir vor der »Gaskammer« halt. Man schickt uns in die »Gaskammer«, die wie eine Kapelle aussieht. Wir müssen im Kreis marschieren, laufen, hüpfen. Die Maske von einem ist undicht. Er hat sie sich heruntergerissen. Das Wasser läuft ihm aus den Augen. Er verschluckt sich prustend, stürzt zur Tür und trommelt dagegen. Man öffnet, beschimpft ihn und läßt ihn heraus. Wir wandern weiter im Kreis, der Ausbilder dirigiert in der Mitte. Wir müssen auf den Boden, Liegestütz machen, dann wieder im Kreis rennen. Jeder muß den Filter seiner Maske wechseln. Dabei schlucken die meisten Tränengas. Schließlich können wir wieder raus und lüften...
Der Ausbilder, Gefreiter Duhn, führt unsere Gruppe zurück zur Kaserne. Unterwegs befielt er: »Masken auf! Singen! Ein Lied! Zwo, drei!«
Die meisten stimmen tatsächlich an: »Das Leben ist ein Würfelspiel...« Sie quetschen unter der Maske Mißtöne hervor. Der Ausbilder: »Lauter! Ich will mehr hören! Sonst heißt's: Gewehr in Vorhalte! Im Laufschritt marsch! Na, wird's bald!« – Die Laute scheppern stärker hervor, man erkennt so etwas wie eine Melodie, verstümmelt und verzerrt. Mehr Geröchel als Gesang.
Die röcheln ihr Lied tatsächlich zu Ende. »Und noch beim Petrus wollen wir die Würfelbecher schwingen und hoch im himmlischen Revier Soldatenlieder singen.«
Spaziergänger in Sicht. Wir müssen nicht mehr singen. Wir geistern mit unseren Schnorcheln auf den Insektenköpfen an ihnen vorbei. Sie bleiben stehen und begaffen uns. Als sie außer Hörweite sind, wird das Lied weiter zerhackt. In der Nähe der Kaserne läßt der Ausbilder uns die Masken absetzen. Nase und Mund sind vom Kohlenstaub des Filters schwarz.

7. 8. – Mittwoch

Das ist die Geschichte von Unteroffizier Herold, kurz »Charly« oder »der schöne Charly« genannt, der leider unserer Kaserne den Rücken gekehrt hat. Es laufen Gerüchte, er habe sich in eine härtere Kampfeinheit versetzen lassen.

Das mag bei ihm nicht verwundern, da er sich auch für die SA und Waffen-SS interessierte. Er war aber auch Narziß. Man beobachtete etliche Male, wie er vor dem Spiegel stand, sich drehte und wendete und sich selber verliebte Blicke zuwarf. Mit einem zweiten kleinen Spiegel aus Metall, den er an einem Kettchen immer zur Hand hatte, bespiegelte er sich von allen Seiten.

Seine schmucke Uniform liebte er über alles. Man hat ihn auch in seiner Freizeit, selbst wenn er ausging, nie in Zivil sehen können. Die Messingknöpfe seiner Uniform blitzten, er wienerte sie täglich mit Sidol. Seine Stiefel blinkten auf Hochglanz poliert. Er trug als erster in der Kaserne das neue Schiffchen und das schwarzlackierte Lederkoppel. Er ging stets im Paradeschritt. Sein Körper kerzengerade, Brust heraus, die Arme angewinkelt, leicht tänzelnd wie ein Paradepferd.

Für ihn galt: »Gelobt sei, was hart macht.« – Seine Bildung bewies er seinen Rekruten, indem er lateinisch zitierte: »Mens sana in corpore sano« und das anschließend übersetzte: »Ein gesunder Geist *nur* in einem gesunden Körper«, und dann sich noch speziell über den Körper ausließ, indem er über »gefechtsnahes bodybuilding« sprach und den Geist ganz unterschlug.

Er war gerecht. Er sagte immer: »Ich verlange nichts von euch, was ich nicht selbst auch kann«, und folgerte daraus: »Was ich kann, habt ihr auch zu können.«

Nach Dienst zog er auf den Sportplatz und drehte seine 12½ Runden, das sind 5 km. Wenn jemand ihn dort in der Dämmerung zum erstenmal sah, glaubte er, ein fremdartiges Lebewesen vor sich zu haben. Sein Kopf ähnelte dem eines Rieseninsekts, auf seinen Schultern hockte ein mächtiger Buckel. Seine schlanken Beine steckten in klobigen Stiefeln. So schleppte er sich über die Runden, als ob der Feind hinter ihm her wäre.

Die Augengläser seiner Gasmaske beschlugen, so daß er die Richtung verlor, in den Innenraum des Sportplatzes taumelte oder auf der Bahn zickzack lief. Sein buckliger Rücken bestand aus feldmarschmäßig gepacktem Sturmgepäck, mit einem Ziegelstein zusätzlich beschwert, so daß sein Körper fast nach hin-

ten kippte. – Die Gasmaske hatte es ihm angetan. Er schwor auf sie. Er sah in ihr die Chance im Atomkrieg. Er sagte auch nie »Gasmaske«, er sprach von der »weiterentwickelten ABC-Schutzmaske«, wie von der Bundeswehr verlangt. Er glaubte, damit gegen atomare, biologische und chemische Kampfstoffe gefeit zu sein. – »Ist alles Gewöhnungssache«, sprach er, »nach dem Ausleseprinzip der Natur und nach der Mutationstheorie werden bekanntlich die überleben, die sich früh genug den neuen Umweltsverhältnissen anzupassen verstehen.«
Sich selbst rechnete er zu den Überlebenden, da er sich jetzt schon auf die kommenden Verhältnisse umstellte. – Häufig setzte er nachts die Maske auf und schlief damit auf seinem matratzenlosen Bett. Einmal in der Woche setzte er des Nachts »ABC-Probealarm« an. Seinen Wecker ließ er dann 3stündlich schrillen, um den bei Verseuchung im Ernstfall lebensnotwendigen Filterwechsel zu üben. Er hielt so lange die Luft an, bis der neue Filter aufgeschraubt war. – Wenn er »UvD« hatte, trug er im UvD-Zimmer grundsätzlich Gasmaske und erschreckte damit Zivilpersonen, die sich bei ihm nach Dienst als Besucher anmelden wollten. Am Tage seines Abschieds von uns trug er einen anderen Kopfschmuck. Er hatte rechts und links an sein Schiffchen je einen silbrigen Uffz.-Winkel genäht.
Das Schiffchen krönten zwei Fähnchen, das schwarzrotgoldene Bundesflägglein und das schwarzgelbe Bundeswehrfähnchen seiner Einheit.

8. 9.

Der Schtz. Guido Contes bekommt eine ›Diszi‹ verpaßt. Den Urteilsspruch erhält er schriftlich von Hauptmann Staller überreicht:

> *1. Disziplinarstrafe W 18*
>
> Ich bestrafe den Schtz. G. Contes mit einer Geldbuße von 30,– DM. Er hat am 4. 9. 63 in Stadt Allendorf bei der Geländeausbildung gegen 7.30 Uhr sein Gewehr und seinen Stahlhelm absichtlich auf den Erdboden geworfen, weil ihm der Befehl seines Gruppenführers, sich zu beeilen, nicht paßte.
>
> gez.: Hauptm. Staller

Damit ist er noch glimpflich davongekommen. Man macht ihn darauf aufmerksam, daß ihn im Ernstfall so was den Kragen kosten kann. – Was mag ihn am betreffenden Tag, Mittwoch, den 4.9., bewogen haben, die Embleme seines Soldatentums so einfach zu ignorieren und im Stich zu lassen? – 5.45 Uhr beim Frühstück im Eßsaal fing es mit harmlosem Geplänkel an. Die diensttuende Aufsicht dort, Gefr. Lehm, tadelt sein Ungekämmtsein. Contes begehrt auf: »Was, ich nicht gekämmt!« Der Gefr. donnert ihn an: »Das heißt immer noch bitte bei uns! Sowieso, wenn's sich um einen Vorgesetzten handelt!« Contes (erbost): »Bei uns zu Hause heißt das ›Was‹!« Sagt zu seinem Tischnachbarn: »Dieser kleine Scherzkeks.«
Der Gefreite ist gekränkt und meldet es nachher dem Spieß. Der läßt Contes zu sich rufen und hält ihm eine Standpauke: »Bodenlose Frechheit! Noch nie vorgekommen, daß das ein Rekrut zu einem höheren Dienstrang sagt!« – Contes muckt auf. – Spieß schreit: »Schweigen Sie! Machen Sie, daß Sie rauskommen! Raus, sag ich!« –
Contes fügt sich in den angetretenen Haufen ein. Es geht raus ins ›Wasa-Gelände‹ (das ist Wasser-Sand-Gelände), gruppenweise. Die Gruppe von Contes nimmt Schützenreihe ein, alles folgt hintereinander dem Gruppenführer, Gefr. Tott. Wenn dieser sich hinschmeißt, müssen es ihm alle nachtun. Wenn er den Arm kreisen läßt, fuchteln alle mit dem Arm in der Luft herum. Dazwischen werden die verschiedenen Gangarten ausprobiert. »Normales Gehen«, das ist ein besonderer Schleichgang, eingeduckt in lauerndem Kauern, das Gewehr dauernd in Anschlag. Die nächst tiefere Gangart, kriechen auf allen vieren, wie bei Hund und Katze, das Gewehr um den Hals baumelnd. Schließlich noch die beiden tiefsten Gangarten ›Gleiten I‹ und ›Gleiten II‹. ›Gleiten I‹ kann mit dem Krabbeln eines Säuglings oder der Fortbewegung eines Amphibiums (dazu gehören: Blindwühler, Schwanz- und Froschlurche) auf dem Trockenen verglichen werden. ›Gleiten II‹ ist wesentlich mühseliger und kraftraubender. Dafür gibt es im Tierreich auch keinen Vergleich. Die Natur hat das keinem Lebewesen zugemutet. Man muß sich das so vorstellen: Man liegt ganz flach auf den Boden gepreßt. Die Arme läßt man dann weit nach vorn vorschnellen, krallt die Hände in Grasbüschel, Gestrüpp, Gestein oder in die bloße Erde, zieht daran den ganzen Körper, der sich wie tot stellen muß, nach vorne. Wenn man so 100 m

zurückgelegt hat, braucht man sich nicht mehr totzustellen. Dazwischen werden Strecken im ›flotten Laufe‹ zurückgelegt. Das soll der ›Auflockerung und Entspannung‹ dienen.
Schtz. Contes ist heute nicht in Form. Dazu noch die Verärgerung am frühen Morgen. Als sein Gruppenführer wieder zum ›flotten Laufe‹ ansetzt, folgt ihm noch der zweite Mann der Schützenreihe, Morks, der »Radfahrer«, wie üblich auf den Fersen. An dritter Stelle geht Contes weiter im Schritt, hinter ihm die ganze Gruppe. Der Abstand zum Gruppenführer vergrößert sich mehr und mehr. Der schmeißt sich in Abständen in Deckung vor angenommenen feindlichen Tieffliegern, läßt vorher noch als ›Ankündigungskommando‹ großartig seinen Arm kreisen, in der festen Annahme, daß es ihm alle gleichtun. Als einziger Gefolgsmann macht nur der Morks brav mit. Der Abstand vergrößert sich so auf etwa 80 m, als der Ausbilder feststellt, daß sich außer einem letzten Getreuen die gesamte Gruppe abgesetzt hat. Er wartet, bis Schütze Contes gemächlichen Schrittes an der Spitze der Gruppe erscheint. Er brüllt ihn schon von weitem an: »Marsch, marsch!«, als keiner zum Lauf ansetzt, noch: »Feind von hinten!« Den tapferen Contes bringt das nicht aus der Fassung, er trottet müde weiter im Schritt. Sein Ausbilder, Gefr. Tott, läßt ihn herankommen und stellt ihn seines unerklärlichen Verhaltens wegen zur Rede. Contes: »Meine Füße tun mir halt weh. Und überhaupt!« Gefr. Tott: »Was, und überhaupt!« Schreit (außer Fassung): »Hätten wenigstens so tun können, als ob! Haben die ganze Gruppe aufgehetzt! Das ist offene Meuterei!« Contes: »Ging nun mal nicht anders.« Gefr. Tott (grob): »Halten Sie Ihre Schnauze! Ich werde Sie verhaften und auf der Stelle in den Bau abführen! Glatte Befehlsverweigerung! Ich habe die Macht, Sie jederzeit vorübergehend zu verhaften!« – Schtz. Contes war vor wenigen Tagen erst vorübergehend verhaftet worden. Er hatte während der Feuerwache neben einer Cola noch *ein* kleines Bier zu sich genommen. Jeder Tropfen Alkohol ist während der Feuerwache streng verboten. Man hatte es Fahnenjunker Landmann hintertragen. Der ließ sich von Contes anhauchen und spürte den leichten Dunst von Alkohol auf, trotz des Pfefferminzbonbons, das Contes vorher gelutscht hatte. Er befahl ihm, den Arbeitsanzug anzuziehen, in Ermangelung einer Sträflingskleidung, die es mit den üblichen Streifen bei der Bundeswehr nicht gibt. Er führte ihn dann eigenhändig in die Arrestzelle ab, wo

Contes die Zeit von Samstag 20.20 Uhr – Sonntag 11.10 Uhr, auf blankem Stahlfederbett mit einer Wolldecke verbringen mußte.
Vielleicht sitzt ihm das noch in den Knochen und verursacht jetzt die Reaktion. Er schmeißt sein Gewehr in die Büsche, reißt sich den Stahlhelm vom Kopf, feuert ihn in hohem Bogen hinterher. Rennt selbst blindlings ins Gelände. Gefr. Tott brüllt ihm umsonst nach: »Halt! Halt! Halt! Sie sind verhaftet! Stehenbleiben! Auf der Stelle!« Contes stößt unterwegs auf eine andere übende Gruppe, schlägt einen Haken und hetzt drum herum. Zugführer, Leutnant Stark, der die Gruppe anführt, wittert eine Flucht und setzt ihm als geübter Wettläufer (er trägt das Sportabzeichen auf seiner Uniform) mit großen Sätzen nach und stellt ihn. Contes ergibt sich widerstandslos.

19. 9.
20.30 Uhr – Geländeausbildung bei Nacht.
Übungszweck: ›Stellen von Feldposten‹, damit verbunden ›Tarnen und Täuschen‹.
Zunächst ›Tarnen und Täuschen‹. Wir werden alle in einen großen, dunklen Wald geführt. Gesichter und Handflächen müssen mit Speichel und Dreck oder verbranntem Klopapier schwarz gemacht werden. Wir müssen Grünzeug abreißen und uns auf den Kopf pflanzen, d. h. unter das Tarnnetz des Stahlhelms stecken, um die Konturen des Helmrandes zu verwischen. So tauchen wir unter in der Dunkelheit des Geländes.
Einzeln oder zu zweien verstreut man uns im Wald, d. h., wir werden als Feldposten in Stellung gewiesen. An der zugewiesenen Stelle muß der einzelne oder das Paar sich auf den Bauch legen, das Gewehr ›in Anschlag‹ bringen, ›beobachten und lauschen‹. Wenn der Feind kommt, muß der Feldposten Parole ausrufen. Wenn der Angerufene schweigt – ein Zeichen, daß er Feind ist –, ihn kurzerhand abknallen oder ihn mit dem Gewehr in Schach halten und hinter die eigenen Linien abkommandieren. Dies dürfte ihm aber meist schwerfallen. Besser und sicherer ist »kurzerhand abknallen«, sagt Hauptmann Staller immer. Hierfür haben wir zur Übung unschädliche Platzmunition, die dafür aber besonders laut knallt, was den meisten einen Mordsspaß bereitet, weshalb sie auf jedes Geräusch hin sinnlos losballern. Oft ist es ein scheues Reh, das sie verjagen, oder ein Vogel, den sie hochschrecken. Sie ballern aber auch, weil sie müde

sind und nicht einschlafen dürfen. »Feldposten schieben, ist eine ernste Sache«, hat der Hauptmann vorher in der Kompaniebelehrung bekanntgegeben. »Wer dabei einschläft, gefährdet seine Kameraden und kann im Ernstfall dafür erschossen werden.«

Drei Stunden, bis 23.30 Uhr, geschieht nichts. Ich schlafe trotz der unbequemen Stellung und der Kälte immer wieder tief und fest ein. Ab und zu das ›Peng, Peng‹ eines nervösen Schützen, das mich aus meinen Träumen hochreißt. In einiger Entfernung von mir liegt einer auf dem Rücken und schnarcht laut. Von weitem vernehme ich die aufreizende, durchdringende Stimme des Hauptmanns. Ein Unteroffizier führt ihn an den Linien vorbei. Er schimpft auf einen Feldposten ein, der ihn mit Dauerfeuer beschossen hat. Er hält einen strategischen Vortrag, spricht von ›Stellungsverrat‹ und ›Munitionsvergeudung‹. Sein Pirschgang führt auch an mir vorbei, ich verhalte mich ruhig. Dem Feldposten neben mir muß seine polternde Stimme bis in den Schlaf gedrungen sein. Er liegt jetzt auf dem Bauch und schnarcht nicht mehr.

Kurz vor 0.00 Uhr wird zum großen Sammeln eine Salve abgefeuert und wild gepfiffen. Mit steif gefrorenen Knochen und spukhaft schwarzer Kriegsbemalung auf den Gesichtern finden wir uns zusammen, werden in Reih und Glied aufgestellt und abgezählt. Ich denke an die wüste, kriegerische Rotte auf einem Bild von Max Ernst mit dem Titel: ›Sie haben zu lange im Wald geschlafen‹.

Es geht zurück zur Kaserne. Man läßt uns singen: »... verstaubt sind die Gesichter, doch froh ist unser Sinn...« Die letzte Strophe davon: »Und läßt uns im Stich einst das treulose Glück und kehren wir nicht mehr zur Heimat zurück, trifft uns die Todeskugel, ruft uns das Schicksal ab, dann ist uns der Panzer ein ehernes Grab.«

Der Hauptmann gibt am nächsten Tag bekannt, daß er einen beim Pennen erwischt hat. »Der Kerl lag auf dem Rücken und schnarchte noch dabei. Ich trat mit dem Fuß auf ihn, und er wurde nicht wach davon. Gröbste Pflichtverletzung! Schwerste Strafe verdient!« – Er erhält Ausgangssperre für die nächsten acht Wochen und eine öffentliche Verwarnung. –

20. 9. – 16 Uhr

Die Mannschaft ist im Lehrsaal zusammengetrommelt worden, richtiger: zusammengepfiffen und -geschrien.

Die Namen der Rekruten werden dem Alphabet nach aufgerufen. Sie müssen einzeln vortreten und verschiedene Papiere unterschreiben. Fast alle unterschreiben, ohne zu lesen. Man weiß schließlich ungefähr, worum es geht. »Es geht um meinen Kopf«, sagt mein Nebenmann, der Schütze Hartlaub, als er aufgerufen wird. Er geht nach vorne und unterschreibt.

Das Gelöbnis des Wehrpflichtigen lautet: »Ich gelobe, der Bundesrepublik Deutschland treu zu dienen und das Recht und die Freiheit des deutschen Volkes tapfer zu verteidigen.« (Dieses »Gelöbnis« ist für den Soldaten unwiderruflich bindend. Im Ernstfall wird ein Eidbruch wie »Fahnenflucht«, »Befehlsverweigerung« und so weiter nach geltendem Kriegsrecht bestraft, in den letzten beiden Weltkriegen, wie bekannt, mit dem Tode.)

Mein Name fällt. Ich gehe nach vorn. Man tippt mit dem Finger ungeduldig auf den halbverdeckten Wisch. »Mach endlich! Unterschreib schon!« brüllt der Gefreite Pollenberg. »Unterschreiben Sie gefälligst so schnell wie die andern! Sie können den Zettel später wieder zerreißen! Wo kämen wir hin, wenn alle sich alles vorher durchlesen«, sagt der andere Ausbilder unwirsch. Ich ändere den Spruch ab, bevor ich ihn unterschreibe. Will zwischen »Bundesrepublik Deutschland« und »treu zu dienen« »ohne Waffengewalt« einfügen.

Man reißt mir das »Dokument« aus der Hand, eilt zum Hauptmann. Schiebt mir den nächsten Wisch hin. Lese flüchtig was von »keine Reise in die Ostzone und nach Westberlin mehr« und »keine Schulden über DM 1000« und unterschreibe getrost.

Danach ruft man mich »zum Chef«. Hauptmann Staller steht lässig vor mir. »Warum wollen Sie das nicht unterschreiben? Was ist dabei?« sagt der Hauptmann.

»So nicht«, sage ich, »ich wollte es abändern.« – »Das ist eine Urkunde und unabänderlich«, sagt der Hauptmann. »Lassen Sie die Unterschrift! Ändert an Ihren Pflichten als Soldat gar nichts! Wenn Sie nicht anerkannt werden, müssen Sie dann unterschreiben! Können sonst auch nicht befördert werden! Werden schon auf das Geld, das Sie mehr bekommen, angewiesen sein!« Ich sage, daß ich auf das Geld gerne verzichte. Der

Hauptmann blitzt mich ärgerlich an. »Das glaube ich gern! Auf seinen Wehrsold erst großmütig verzichten, um sich dann hintenherum von seiner Freundin Geld schicken zu lassen! Leugnen Sie nicht! Sie sind überführt! Die Polizei weiß alles!« (Mit »Polizei« bezeichnet er sich immer selbst.)
Ich sage, daß selbst die Polizei keine Briefe öffnen darf. (Er kontrolliert täglich die Post auf kommunistisches Propagandamaterial.) Der Hauptmann: »Das hat sich sogar am Lagerfeuer herumgesprochen, als ich Ihre Stubenkameraden über Sie ausfragte.« Die Stubenkameraden wissen von nichts.

21. 9. – 15 Uhr – Allendorf
Kompaniebelehrung
Wir sind im großen Lehrsaal. Hauptmann Staller ist noch nicht da. Die beiden Ausbilder lassen uns in Abständen aufstehen und wieder hinsetzen, um uns »auf Zack zu bringen«. Der eine brüllt – wir sitzen gerade –: »Alles auf! Ein Lied!« Wir schmettern das Lied von den »grauen Soldaten«. Im Dritten Reich waren es noch die »braunen Soldaten«. »Braun wie die Erde ist unser Kleid.« Text und Melodie dieses Liedes sind unverändert, nur daß die Soldaten inzwischen ergraut sind. Der andere Ausbilder befiehlt: »Lauter brüllen! Die Fensterscheiben müssen klirren! Ich lass' euch so lange brüllen, bis der Kalk von den Wänden rieselt und die Decke runterstürzt!« Er läßt Fenster und Türen schließen.
Ein Ausbilder hat sich vor der Tür postiert, um rechtzeitig melden zu können, wenn der Hauptmann kommt.
Wir brüllen das Lied von den grauen »Chamäleon-Soldaten« zum zweitenmal, vom Ausbilder mit Zwischengebrüll angefeuert. Der Ausbilder hält sich manchmal die Ohren zu. Er rennt wie ein Kapellmeister durch die Reihen, bringt die »Instrumente« zum Brüllen und grinst. Er brüllt: »Brüllen! Treten auf der Stelle! Den ›Schönen Westerwald‹! Alle!«
Ich wundere mich, daß er nicht gleich darauf gekommen ist. Das militärische Singen im Raum wird meist mit angedeutetem Marschieren exerziert. Wir trampeln im Marsch auf der Stelle. 140 Paar Stiefel hacken auf der Stelle wie auf einer Riesentrommel. Wenn die Stelle im Lied kommt: »über deine Höhen pfeift der Wind so kalt«, müssen wir schrill mit den Fingern pfeifen. Weil es so gut geklappt hat, dürfen wir es jetzt im Sitzen noch mal brüllen und wieder trampeln.

Die Tür wird aufgerissen. Hauptmann Staller erscheint. Der Ausbilder steht stramm, brüllt: »Alles auf!«, legt die Hand an seine Schläfe und macht Meldung: »Kompanie beim Singen!« Der Hauptmann (jovial): »Gut, rührn.« Zu uns: »Setzen. Hab's draußen schon vernommen. Ganz kernig für den Anfang.«

Allendorf
Ein schriller Pfiff. »Türen auf! Schütze Wallraff zum Hauptmann«, brüllt der Unteroffizier vom Dienst.
Ich renne den Flur entlang. »Tempo, Tempo«, brüllt der UvD. Bin vor der Tür zum Geschäftszimmer. »Nicht anklopfen! Ich verpflichte mich weiter auf 12 Jahre!« steht an der Tür, ich öffne die Tür, stehe erst einmal still, einer der Schreiber blickt auf, zeigt mit dem Daumen auf die nächste Tür. »Nicht unaufgefordert eintreten! Melden mit Dienstgradbezeichnung und Namen!« steht dort, ich zögere. »Geh schon rein«, sagt der Schreiber. Ich klopfe an und trete ein. »Schnell, schnell, zum Hauptmann«, sagt der Spieß. Ich klopfe an die letzte Tür. »Kommen Sie herein«, ruft der Hauptmann. Ich gehe hinein, sage »Guten Tag«. – »Setzen Sie sich dort«, sagt der Hauptmann.
Ich sitze ihm gegenüber, zwischen uns der Schreibtisch, darauf wenige Blatt Papier, wohlgeordnet. An der Wand ein Bild vom Alten Fritz.
»Sie machen einen auf religiös«, sagt der Hauptmann fest und entschlossen.
»Sie wissen von meinen Gründen«, sage ich, »ich habe Ihnen meinen Antrag gezeigt.«
Er: »Ich habe Sie gleich durchschaut. Jetzt versuchen Sie auch noch, Kameraden zu verhetzen. Drei meiner Leute haben einen Antrag auf Kriegsdienstverweigerung gestellt. So was ist noch nie dagewesen. Sie haben sie in diesem Sinn beeinflußt und überredet. Das ist Wehrkraftzersetzung. Einer hat gegen Sie ausgesagt. Wir können Sie jederzeit vor Gericht stellen. Ich habe genug Material gegen Sie in der Hand. Dem Schützen Peter zum Beispiel haben Sie geraten, er soll bei seinem Antrag auf religiös mimen. Er käme dann leichter durch. Leugnen Sie nicht, ein Zeuge hat das Gespräch mitbekommen. Die Aussage liegt sogar schriftlich vor.« (K. Peter hatte seinen Antrag auf Kriegsdienstverweigerung vor einigen Tagen gestellt.)
Ich: »Ich kann mir denken, wer mir die Worte im Mund herum-

gedreht hat. Ich kann mich an ein Gespräch mit Peter vor der Kantine erinnern, als der Gefreite Büller aus der Schreibstube vorbeiging und stutzte. Ich merkte, er hatte was aus unserem Gespräch aufgeschnappt. Den richtigen Wortlaut kann ich Ihnen wiederholen. Ich sagte zu Peter, der seinen Antrag bereits gestellt hatte, ohne religiöse Motive, daß er es schwerer haben würde, anerkannt zu werden, als ich. Er ist Freidenker und gehört im übrigen keiner Religionsgemeinschaft an. Ich verlange, daß ich dem Gefreiten Büller gegenübergestellt werde. In der Form kann er das nie gesagt haben.«
Er: »Ich werde Ihnen in meiner Beurteilung an den Prüfungsausschuß eines bescheinigen: daß Sie alles dransetzen, hier wegzukommen, und daß Ihnen dazu alle Mittel recht sind. Ich halte Ihre Gründe für fadenscheinig. Sie wissen ja, was ich von Ihnen halte. In meinen Augen sind Sie ein Spinner. Das ist meine persönliche Meinung. Das habe ich auch Ihren Kameraden gegenüber geäußert. Sie werden zum katholischen Standortpfarrer geführt. Er weiß Bescheid.«
Er ruft den Gefreiten Braun aus dem Geschäftszimmer. »Bringen Sie den Mann zum katholischen Pfarrer.« Der Gefreite Braun sagt: »Folgen« und macht sich auf den Weg. Wir marschieren stumm an der Wache vorbei auf das Stabsgebäude zu. Es ist halb so groß wie eine Kaserne, hell und sauber verputzt, links ein Schild »Katholischer Standortpfarrer«, rechts ein Schild »Evangelischer Standortpfarrer«. Der Gefreite Braun duckt seinen Kopf etwas in die Schultern ein, murmelt undeutlich was von »hohe Offiziere« und »Pfarrer links«, macht kehrt. Drei Offiziere treten rechts heraus, ich gehe links hinein. An der ersten Tür links steht: »Katholischer Standortpfarrer Liebe. Anmeldung nächste Tür!« Ich klopfe an. Ein frisches »Herein« tönt heraus. »Ich bin zum Pfarrer bestellt.«
Die Tür zum Nebenraum öffnet sich, der Pfarrer erscheint. »Ich weiß schon Bescheid, bitte, kommen Sie herein«, er streckt mir seinen Arm spontan entgegen und drückt fest meine Hände. »Wallraff«, stelle ich mich vor und spüre unter dem festen Händedruck eine kleine weiche Hand. »Setzen Sie sich doch«, sagt eine freundliche, leicht quäkende Stimme. Ich sitze ihm im Sessel gegenüber. Im Hintergrund vor dem Fenster sein Schreibtisch, ein paar Papiere, wohlgeordnet. An der Wand ein Kruzifix und wieder der Alte Fritz, daneben der heilige Franziskus, wie er den Vögeln predigt.

Er sagt: »Ich will Ihnen gleich offen heraus sagen, daß ich Ihren Standpunkt ganz und gar nicht billige.« Ich: »Hat Hauptmann Staller Ihnen darüber berichtet?« Er: »Ich kenne im einzelnen nicht Ihre Beweggründe, aber wie sie auch sein mögen, Sie können sich dabei nicht auf die Kirche berufen. Die Moraltheologie der katholischen Kirche sagt ausdrücklich, daß jeder die Pflicht hat, sein Leben zu erhalten und zu verteidigen. Das andere ist Selbstmord und Sünde.«

Ich: »Ich berufe mich nicht auf die Kirche. Die Institution der Kirche hat in der Geschichte oft genug versagt, zum Beispiel die Kreuzzüge und die Inquisition. Im Gegensatz zur Lehre Christi, er hat keine Gewalt angewendet, sondern beging Selbstmord am Kreuz, wie Sie es ausdrücken würden.«

Er: »Diese Vermessenheit!... Er war schließlich Gott!... Ihr Ideal vom Menschen ist viel zu hoch!... Ich bin Realist!... Die Grundschlechtigkeit des Menschen ist unverbesserlich! Ich höre jeden Sonnabend die Beichte ab. Jede Woche die gleichen Sünden!... Kriege hat es immer gegeben und wird es immer geben!... Wir müssen unsere freie Religionsausübung notfalls mit der Waffe gegen die Aggression des Kommunismus verteidigen!... Ich habe mich mit der kommunistischen Ideologie lange genug auseinandergesetzt. Sie ist auf Gewaltherrschft und Eroberungskriege aus!... Wir wollen nur den Verteidigungskrieg!«

Seine Augen fixieren mich kalt und abschätzend. – Er sagt: »Sie sind nur nicht bereit zu dienen. Ich will Ihnen offen sagen, was ich von Ihnen denke. Sie stehen außerhalb der Gesellschaft! Sie sind ein Außenseiter, eigenbrötlerisch, ja, ich möchte sagen – es ist vielleicht etwas zu stark ausgedrückt, ich glaube, daß es nicht ganz...«

Ich falle ihm ins Wort: »Sie halten mich für asozial?«

Er: »Ja, so scharf wollte ich es Ihnen nicht unbedingt sagen, aber das ist es im abstrakten Sinne. Sie sind nicht bereit zu dienen, dort, wo Gott Sie hingestellt hat. Hand aufs Herz, es ist Ihnen zu hart? Das ist in den ersten Wochen...«

Ich (unterbreche): »Nein, das ist nicht wahr. Zwischen dienen und dienen ist ein Unterschied. Man kann auch dem Teufel dienen. Ich bin ja bereit, einen sozialen Ersatzdienst zu leisten. Dort verrichte ich dann wenigstens eine produktive Arbeit, hier bin ich...«

Pfarrer (unterbricht wieder): »Lassen Sie mal! Ich mache Ihnen

ein großzügiges Angebot. Man wird Sie weiterhin nicht zwingen, die Waffe zu nehmen. Ich werde mich dafür einsetzen. Sie kommen zu den Sanis. Das ist doch was für Sie! Als Sanitäter können Sie auch den Führerschein erwerben. Sie ziehen morgen Ihren Antrag zurück! Sie schreiben der Prüfungskommission, daß sich Ihnen hier diese Möglichkeit bot. Sie können dann meiner vollen Unterstützung gewiß sein. Soll ich den Hauptmann von Ihrem Entschluß unterrichten?«
Ich sehe ihn verblüfft an. Er steht spontan auf, ich stehe auch auf. Er schaut auf seine Uhr. »Oh, ich bekomme noch einen Besucher, er wartet sicher schon auf mich.«
Er schüttelt mir herzhaft die Hand. »Überlegen Sie sich das gut, und besuchen Sie mich recht bald wieder!« Reckt sich, legt mir seine Hände auf die Schultern und rüttelt an mir. »Sie sind doch ein Mann, ein ganzer Kerl« – ich blicke stumm –, »na also, wir werden's schon schaffen!«

26. 9. – Allendorf – Köln
Heute soll endlich über meinen Antrag entschieden werden. Die allgemein gefürchtete Grundausbildung ist in ein paar Tagen vorbei. Danach beginnt das »Gammelleben« des Soldaten. Bei der Prüfungskammer in Köln nahm man wahrscheinlich an, ich zöge meinen Antrag zurück, nachdem das Schwerste überstanden ist. So ließ man mich vier Monate warten, um mich mürbe zu machen.
Hauptmann Staller sagt: »Sie machen die Grundausbildung noch mal mit und diesmal mit Gewehr, wenn Sie nicht anerkannt werden. Und das will ich in Ihrer Situation annehmen. Sie sind Soldat, und damit haben Sie sich abzufinden. Ein Soldat als Kriegsdienstverweigerer, wo kämen wir da hin!«
Ich erfahre, daß aus der Kompanie zwei Zeugen ebenfalls zur Verhandlung nach Köln geladen sind. Der stellvertretende Kompaniechef, Leutnant Schreiber, und ein Stubenkamerad, der Schütze Schwaiger. Leutnant Schreiber fährt uns im Jeep nach Köln.
Vor der Abfahrt habe ich noch eine Kollision mit Hauptmann Staller. Ich habe Privatkleidung angezogen, um vor dem Prüfungsausschuß schon rein äußerlich als Zivilist zu erscheinen. Hauptmann Staller hat unserer Abfahrt aufgelauert und zwingt mich, Uniform anzuziehen. »Sie sind Soldat und haben als solcher zu erscheinen. Ihr Antrag ändert daran gar nichts!« Nach

fünfstündiger Fahrt kommen wir um die Mittagszeit in Köln an.
Man läßt uns noch eine dreiviertel Stunde warten. Das hohe Gericht ist noch nicht vom Mittagessen zurückgekehrt. Der Prüfungsausschuß für Kriegsdienstverweigerer hat seinen Sitz in einem Kreiswehrersatzamt.
An einem großen Tisch, als Front mir gegenüber, sitzen zwei reserviert blickende Herren. Der mit Brille richtet das Wort an mich und scheint der Vorsitzende zu sein. Sein Nebenmann scheint der Beisitzer zu sein.
Rechts und links von mir an den Schmalseiten des Tisches sitzen zwei ältere Männer. Sie machen beide einen abwesenden, müden Eindruck.
Im Hintergrund stenografiert eine Stenotypistin. Der Vorsitzende diktiert ihr: »Der Antragsteller erklärte zur Person: ...« Immer, wenn er in der nun folgenden Verhandlung »der Antragsteller« diktiert, klingt es wie »der Angeklagte«.
Der Vorsitzende hält mir ganz plötzlich das Paßbild aus meinem Wehrstammbuch wie ein Indiz entgegen. Ich schneide darauf eine Grimasse und tippe unmißverständlich auf die Stirn. Er fragt, ob ich das bin und was ich damit ausdrücken will. Ich sage, daß ich mich wiedererkenne und daß es genauso gemeint ist, wie ich es zeige.
Er fragt nach den Gründen meiner Verweigerung. Ich nenne die Gründe, die ich schriftlich bereits eingereicht habe. Anschließend beginnt die eigentlich Verhandlung. Ein über vier Stunden lang dauerndes Verhör, das mir vorkommt wie eine Gehirnwäsche. Ich hatte mir eingebildet, vor einer neutralen Instanz meine Gründe vorbringen zu können. Statt dessen muß ich mir vom Vorsitzenden und seinem Beisitzer, der meistens die Rolle eines Staatsanwaltes an sich reißt, sagen lassen, daß Pazifismus »Feigheit, Lauheit und Laxheit« ist. Dann hält mir der Beisitzer die ungeheuren, verheerenden Folgen einer rein friedfertigen Welt vor. Er beschwört das »unaustilgbare Urböse im Menschen« herauf. Und das liegt seiner Ansicht nach im Osten. »Wenn ein Land radikal abrüstet, wird es vom Osten überrannt.« Prophetisch malt er mir den Untergang eines Volkes aus, das sich aus »Energielosigkeit und erloschenem Freiheitssinn« dem Pazifismus ergeben hat und so dem Feind willkommene Beute ist. »Es macht sich selbst zum Sklaven der Eroberer. Man wird es ausrotten, indem man seine Frauen ste-

rilisiert. Der Verlust der geistigen Freiheit ist weitaus schlimmer als der leibliche Tod. Durch Strahlen wird man ihnen ihre geistigen Funktionen nehmen und sie zu willfährigen Werkzeugen für die niedersten Arbeiten degradieren. Sie wissen nicht, wozu ein totalitärer Staat fähig ist, wenn ihm keine schlagkräftige Armee entgegentritt!«
Ich antworte ihm, daß dies die Beschreibungen von Kriegsgreueln sind, die noch durch die Folgen eines künftigen Atomkrieges in den Schatten gestellt werden könnten. Er überhört meine Antwort mit einer unwirschen Handbewegung, lenkt über: »Im Osten könnten Sie Ihre Einstellung nicht vertreten, sondern landeten dafür im Zuchthaus. Der Osten mißbraucht diese Freiheit des Westens und unterwandert ihn mit Spionen und Agenten. Sie haben doch sicher schon das pazifistische Plakat mit der Friedenstaube gesehen?«
Ich weiß nicht, wovon er spricht, und verneine.
Er blickt mich mißtrauisch an, erklärt, daß es sich dabei um östliche pazifistische Propaganda handelt. »Der Russe schreckt in seinen Mitteln vor nichts zurück.« Als schrecklichstes Beispiel führt er an, daß vom Osten aus Kommunisten in Priesterröcken in den Westen eingeschleust würden, sozusagen Wölfe im Schafpelz, um die Frommen auf diese Weise zum Kommunismus zu bekehren. Ich sage, daß es sogar in der DDR Kriegsdienstverweigerer gebe. Ich habe wörtlich gesagt: DDR, ohne Vorsatz oder Zusatz.
Damit löse ich die heftigsten Reaktionen aus. Vor- und Beisitzer starren mich entgeistert an, warten, daß ich mich verbessere oder widerrufe. Ich tue nichts dergleichen.
Vorsitzender: »Was haben Sie eben gesagt? Sagen Sie das noch mal!« Die beiden Statisten an den Schmalseiten sind durch mein Zauberwort aus ihrem Dösen in hellsten Wachzustand hochgeschreckt. Das erstemal, daß sie mich anblicken. Vorher schienen sie mich kaum zur Kenntnis zu nehmen. Jetzt mustern sie mich um so argwöhnischer.
Ich sage zum zweitenmal: »Ja, DDR, schon der Einfachheit wegen. In unserer Kompanie ist es üblich, wenn in der Kompaniebelehrung von der DDR die Rede ist, dreimal ›sogenannte‹ zu sagen, nämlich: ›die sogenannte deutsche, die sogenannte demokratische, die sogenannte Republik‹. Das erschwert die Diskussion über dieses Thema doch erheblich. Hauptmann Staller erschöpfte sich in seinen Reden über sein Lieblings-

thema im Hersagen dieses Zungenspiels. Es kam nie mehr dabei heraus.«
Damit bin ich vollends unten durch. Man sieht in mir einen östlich orientierten Menschen.
Die Zeugen werden hereingerufen und vernommen.
Mein stellvertretender Kompaniechef, Leutnant Schreiber, gibt eine sachliche und faire Beurteilung über mich ab. Der Vorsitzende entlockt ihm mit großer Mühe, daß ich mich geweigert habe, eine Testarbeit über wehrtechnische Fragen mitzuschreiben. Leutnant Schreiber muß es zugeben. Der Vorsitzende gibt der Stenotypistin zu Protokoll: »Der Antragsteller bereitete seiner Einheit in jedem Fall Schwierigkeiten, indem er sich zum Beispiel weigerte, an einer Testarbeit über Intelligenzfragen teilzunehmen.«
Ich kann ein Lachen nicht unterdrücken. Die Intelligenz wird demnach durch Fragen ermittelt wie: »Aus wieviel Teilen besteht das Gewehr und das MG, und wie heißen die einzelnen Teile?« und so weiter.
Leutnant Schreiber stellt später, als ihm seine Aussage vorgelesen wird, richtig, daß es sich bei der Testarbeit wirklich nicht um Intelligenzfragen gehandelt hat. Der Vorsitzende muß die Bemerkung aus dem Protokoll streichen lassen. Später beruft er sich in seinem schriftlichen Bescheid jedoch darauf.
Der aufgerufene Schütze Schwaiger erklärt auf Befragen: »Er hat von Anfang an das Gewehr nicht genommen.«
Vorsitzender: »Haben Sie ihn nie mit einem Gewehr gesehen!«
Schwaiger: »Doch, Herr Vorsitzender, ein paarmal hat er schon eins genommen.«
Vorsitzender: »Interessant! Erzählen Sie, wann war das?«
Schwaiger: »Ja, wissen Sie, Herr Vorsitzender, wenn mal einer von unserer Gruppe schlappgemacht hat, hat er dem seins getragen und ...«
Vorsitzender (unterbricht enttäuscht): »Lassen Sie, das gehört nicht hierhin. Sie waren der Soldat Schwaiger. Jetzt schweigen Sie.«
Die Verhandlung ist beendet. Dauer über vier Stunden. Ich bin erledigt. Ich komme mir vor wie jemand, der wegen einer strafbaren Handlung ins Kreuzverhör genommen und abgeurteilt worden ist. Der Vorsitzende sagt, daß mir das Ergebnis in den nächsten Tagen schriftlich zugeht.

Einen Monat darauf erhalte ich den Ablehnungsbescheid meines Antrags, nachdem der Verband der Kriegsdienstverweigerer ein paar Tage vorher telegrafisch »gegen die Verschleppung der Angelegenheit« protestiert hatte.
Ich lege am selben Tag schriftlich Widerspruch ein.

30. 9. – Montag
Die Spinde müssen ausgeräumt werden, die Sachen in einen großen Seesack und zwei Tornister verstaut werden. Die Stuben müssen gesäubert und geräumt werden. Das Gepäck und man selbst lagern auf den Fluren. –
Die dreimonatige Grundausbildung ist zu Ende, die einzelnen werden zu ihren ›Stammeinheiten‹ versetzt und im Laufe des Tages ›gruppenweise‹ dorthin ›in Marsch gesetzt‹. Nirgends das Aufkommen einer Abschiedsstimmung. Man ist heilfroh, die drei Monate hinter sich gebracht zu haben. Der Gruppenführer der 2. Gruppe, Fahnenjunker Landmann, spendiert zum Abschied ein Bier unter dem Motto: »Dienst ist Dienst, und Schnaps ist Schnaps!«
Da das Ergebnis meiner gestrigen Verhandlung noch nicht vorliegt, soll ich nun doch versetzt werden, nach Koblenz in eine neue Einheit. –
Schütze Peter, der als Kriegsdienstverweigerer in 2. Instanz abgelehnt wurde und wieder in Berufung gegangen ist, wird ›zwecks Kleinkriegens‹ ›strafversetzt‹. Ein Hauptmann Julian oder -us, ehemaliger SS-Standartenführer, wegen seiner barbarisch-germanischen Härte gefürchtet, will sich seiner auf Empfehlung von Hauptmann Staller besonders annehmen. Peter ist sehr niedergedrückt, spielt mit dem Gedanken, seinen Antrag zurückzuziehen oder einfach abzuhauen.
14 Uhr: Kurze Abschiedsansprache von Hauptmann Staller: »Nun echte Soldaten geworden, in der Lage, die Heimat verantwortungsvoll zu verteidigen.« »Kommt auch uns zugute!« Wiederholt seinen Lieblingsspruch: »Ein gut ausgebildeter Soldat ist eine halbe Lebensversicherung!« Sagt, daß er und der gesamte Westen doch nur den Frieden wollen und der kommende Krieg an Schrecklichkeit alles Dagewesene überbieten würde. – »Schon im letzten Krieg gab es mindestens so viel Holz- wie Eiserne Kreuze.« Beteuert noch mal seine friedliebende Gesinnung, poltert dann aber los: »Im Notfall müssen wir selbstverständlich zur Waffe greifen. Dann heißt es, mög-

lichst schnell und vernichtend mit stärksten und wirkungsvollsten Waffen zuschlagen! Dem Feind einen Denkzettel verpassen, indem wir ihm so einen aufs Fell brennen, daß er sich nie mehr davon erholt! Das ist die einzig erfolgversprechende Verteidigungsmöglichkeit. Geheime Pläne dieser ›Vorwärtsverteidigung‹ liegen bei uns vor.«
Sagt, daß er eventuell bald versetzt wird. »Die ›Psychologische Rüstung‹ hat schon lange ein Auge auf mich geworfen.« Gibt uns den ›Alten Fritz‹ als Vorbild mit auf den Weg, dessen Bild ich schon über seinem Schreibtisch hängen sah.
Spricht nochmals von der unbedingt notwendigen Verteidigungspflicht aller. Sein Blick sucht im Saal, faßt mich scharf ins Auge. »Die Drückeberger sind die ersten, die laufengehen. Dieser englische Philosoph, Bertrand Russell, oder wie dieses komische Subjekt heißt, gehört im Kriegsfall ins Zuchthaus eingesperrt!« Seine Aggression ist damit verpufft, er spricht noch einige allgemein verbindliche, liebenswürdige Abschiedsworte. Reicht jedem die Hand zum Abschied, auch mir.
Legt den andern ihre ›soldatischen Führungszeugnisse‹ vor, die von jedem unterschrieben werden müssen. Behält mich noch da, damit ich meins auch ordnungsgemäß unterschreibe. »Es betrifft nur Ihr soldatisches Verhalten. Sie müssen unterschreiben! Ich könnte Sie dazu zwingen. Sie erkennen es damit ja noch nicht an. Es bedeutet nur Ihre Kenntnisnahme.« – Will ›zur Kenntnis genommen, Wallraff‹ daruntersetzen, er reißt es mir aus der Hand. »Das ist eine behördliche Urkunde. Darf nichts dran geändert werden. Urkundenfälschung!« Er reicht es mir erneut. Dort steht ›Eröffnung 27.9.‹ Ich unterstreiche *Eröffnung* und setze meine Unterschrift darunter. Er ist nicht einverstanden, gibt mir einen Durchschlag, den ich nun ohne Zusatz unterschreiben muß. – »Als Soldat nicht verwendbar«, lese ich stolz. »Allgemeine Beurteilung: Ungenügend!«, dann noch ein Vermerk unter Verdrehung der Tatsachen: »Hat kein Gewehr empfangen, da nicht vertrauenswürdig genug«, und »Arrogantes Benehmen, fühlt sich seinen Vorgesetzten überlegen!« »Verhetzt Kameraden!«
Um 16.30 Uhr ›Abtransport‹ zur neuen Einheit. Abends 21 Uhr Eintreffen in der ›III. Korps-Stabskompanie‹, Koblenz. Alte Kaserne, hat vielleicht schon den 1. Weltkrieg miterlebt, ranziger Mief in den Fluren, Stuben und Spinden.

Koblenz
Spruch im Geschäftszimmer der I. Kompanie: »Ein Soldat glänzt nur durch seinen Schliff!« – Daneben ein blitzender Diamant abgebildet.

1. 10. – Koblenz

Beim Wecken 6 Uhr früh schmettert der UvD durch die Gänge: »Soldatenfamilie aufstehen!«, mit Trillerpfeife begleitet. – Ab 10 Uhr Wochenendurlaub für alle. –

Man hat mich vorsorglich auf eine Stube zu vier Freiwilligen gelegt. Sie sind stolz auf die »geile (= harte) Grundausbildung« ihrer Pioniereinheit und bezeichnen die Korpsstabskompanie verächtlich als »gammeligen Haufen«. Einer von ihnen hat seinen Spind und die Wand über seinem Bett statt mit den üblichen Pin-up-girls mit Abbildungen von Panzern volltapeziert, die er abends liebevoll betrachtet.

Major Klewe, der Kompaniechef, hat mich vorläufig dem ›Meldezug‹ als ›Melder‹ zugeteilt. Wir waschen zu dritt einen ganzen Nachmittag lang einen einzigen Jeep. Auf fünf weitere Jeeps haben sich die restlichen zwölf gestürzt. Zwei Unteroffiziere ›bewachen‹ das ›Arbeitskommando‹. Sie langweilen sich noch mehr als wir, da sie nicht arbeiten dürfen, aber aufpassen müssen, daß gearbeitet wird, wo keine Arbeit ist. So ›befehlen‹ sie alle Viertelstunde eine ›Zigarettenpause‹ von fünf Minuten. Die meisten stehen sowieso herum und erzählen oder halten einen mächtigen Wasserstrahl unentwegt auf ein und dieselbe Stelle des Jeeps. Sie bequemen sich dann nicht extra zur Pause und müssen von den Unteroffizieren erst dazu angebrüllt werden. So wird die Arbeit endlos in die Länge gezogen, und ich werde sogar müde dabei.

Major Klewe kommt auch mal vorbei, um zu sehen, wie »fleißig geschafft« wird. Ein Melder als Meldeposten hat ihn vorher gemeldet. Alle sind jetzt vollbeschäftigt und wienern wie besessen...

2. 10. – Koblenz

10 Uhr. Der Major hat mir eröffnet, daß er mich ›auf der Stelle‹ zu einer neuen Einheit ›abkommandiert‹. »Sie räumen Ihr Spind wieder aus, packen Ihre Sachen und melden sich im Bau-

trupp bei Hauptfeldwebel Klug. Das ist eine Art Strafkompanie. Dort erhält keiner ein Gewehr! Sie werden etwas hart mit anfassen müssen.« Das Urteil von Hauptmann Staller: »Hat kein Gewehr empfangen, da nicht vertrauenswürdig genug« muß der Anlaß für diese Strafversetzung sein. – Ich schmeiße das vorschriftsmäßig eingeräumte und ausgerichtete Zeug wieder aus dem Spind raus, in Seesack, Tornister und Rucksack hinein, ein Lastwagen transportiert das Zeug und mich zum ›Bautrupp‹.

3. 10.
Der ›Bautrupp‹ steht außerhalb der militärischen Ordnung. Keine Vorgesetzten außer dem Hauptfeld, der soweit in Ordnung ist. Die einzelnen sind hierhin strafversetzt, empfinden es aber längst als Belohnung. Meistens Handwerker: Bauarbeiter, Maurer, Schweißer, Schlosser usw. Man läßt sie stillschweigend gewähren, halbe Zivilisten zu sein, vielleicht weil man es aufgegeben hat, sie fortwährend erfolglos zu bestrafen. Die Kampfeinheiten sehen sie wohl etwas verächtlich an, da sie kein Gewehr haben, die ›Bürohengste‹ ihrer dreckigen Arbeit wegen. Das schert sie selbst aber einen Dreck.

7. 10. – Freitag
Habe heute den ganzen Tag am ›atomsicheren Luftschutzbau‹ mitgewirkt. Wir haben den Keller mit schweren T-Eisenträgern abgestützt, die ich anschließend mit Ölbleimennige (bleihaltige Dämpfe entwickelnde, gesundheitsschädliche Farbe) streichen muß. Wir werden ganz benommen davon, ein paar Tage später bekomme ich an Gesicht und Händen Hautausschlag. – Zwischendurch alle zusammen einen Lastwagen voll Zementsäcken ausgeladen und in den Keller geschleppt.

November – Köln – Koblenz
Ich habe Wochenendurlaub und bin mit Freunden zu Besuch in einem fremden Haus. Es ist spät geworden, und ich habe ziemlich viel getrunken. Um den letzten Bus noch zu bekommen, muß ich mich beeilen. Es ist dunkel draußen. Ich renne los und stürze die Garageneinfahrt hinunter. Man holt einen Arzt. Im nächsten Krankenhaus wird eine Gehirnerschütterung festgestellt und meine aufgeplatzte Schläfe genäht.

Nach vier Tagen entläßt man mich nach Hause »zu weiterer Bettruhe«. Dort behandelt mich der zuständige Standortarzt Dr. Spillerborg.
Ein paar Wochen vergehen. Oberstabsarzt Spillerborg holt mich eines Morgens mit einem Militärauto ab, um in seiner Praxis die Fäden an meiner Schläfenwunde zu ziehen. Während der Fahrt kommt er auf meine Kriegsdienstverweigerung zu sprechen. Er meint, daß ich Zeuge Jehovas sein oder sonst einer Sekte angehören müsse. Als ich beides verneine, kommt er mit der üblichen Militärschablone: »Sagen Sie nur, Sie würden Ihre Mutter oder Braut nicht mit dem Gewehr verteidigen, wenn ein Russe sie vergewaltigen will.«
Ich erwidere, daß diese Situation doch sehr wirklichkeitsfremd sei: »Ein moderner Krieg wird nicht angezettelt, um Frauen zu vergewaltigen. Wenn es im Krieg so weit gekommen ist, sind die ›Beschützer‹ nicht in der Lage, ihre Familien zu verteidigen. Sie kämpfen an der Front – und mein persönliches Notwehrrecht steht mir in jedem Fall zu.«
Der Oberstabsarzt stoppt mich mit der Bemerkung (der Fahrer, ein Wehrpflichtiger, ist schon hellhörig geworden): »Das sprengt den Rahmen unseres heutigen Gesprächs. Das Thema gilt hiermit als beendet,« und er schweigt sich für den Rest der Fahrt aus.
Nachdem die Fäden gezogen sind, läßt er mich noch längere Zeit im Warteraum sitzen. Ich erwarte, daß er mir die Papiere für die Rückkehr nach Koblenz fertigmacht. Ich habe über keine Beschwerden mehr geklagt. Er hat selbst gesagt, daß er die Gehirnerschütterung »als geheilt betrachtet«. Nun kommt er mit einem Überweisungsschein an den Psychiater. »Sie gehen direkt dorthin. Er weiß Bescheid über Sie. Er wird Sie wegen der Gehirnerschütterung noch mal gründlich untersuchen. Damit soll man nicht spaßen! Sie bleiben bei ihm in Behandlung, bis er Sie mir wieder zuweist.« Ich gehe in die Praxis des Psychiaters Dr. Trompl. Ich komme bald an die Reihe.
Dr. Trompl bittet mich persönlich herein. Ich muß mich ausziehen, er kommt mit dem Hämmerchen und prüft die Reflexe. Anschließend will er sich mit mir »noch etwas unterhalten«.
Ich sitze ihm am Schreibtisch gegenüber. Er schaut mich durchdringend, prüfend an, sagt mir dann auf den Kopf zu: »Ich sehe

es Ihnen an, Sie haben Ihren Vater früh verloren.« Ich bin verblüfft. Woraus will er das schließen? – Später fällt mir ein, daß ihn Dr. Spillerborg ja über meine »Vorgeschichte« informiert hat.
Er kommt auf den Unfall zu sprechen. Ich muß ihn genau schildern. Er macht sich Notizen und fertigt eine Skizze an. Er stellt mehrere Fangfragen. Er spricht von »mysteriösen Umständen des Unfalls«. Dabei war es ein harmlos alltäglicher Sturz. Er fragt, ob in der Familie schon mal Geisteskrankheiten vorgekommen sind. Ob ich selbst schon von einer befallen worden bin. Ich verneine. Darauf blickt er mich nochmals durchdringend, fast stechend an und bemerkt: »Ja, der Trompl ist bei seinen Kollegen bekannt, daß er immer was findet.«
Er unterhält sich mit mir über Literatur. Notiert sich meine Lieblingsdichter. Zitiert selbst ein längeres Gedicht von Shelley auf englisch. Will wissen, was ich an pazifistischer Literatur lese. Dieses Gespräch dauert eine halbe Stunde. Dann schreibt er sein Gutachten. Einige Tage später schickt er mich mit einem Durchschlag davon zu einer EEG-Untersuchung. Nach ein paar Wochen werde ich nach Koblenz zurückgeschickt. Der Truppenarzt in Koblenz liest den Befund sehr eingehend, zündet sich umständlich eine Zigarette an, läßt mich vor sich stehen, während er sitzt und liest. Er schickt mich zur neurologisch-psychiatrischen Abteilung des Bundeswehrlazaretts.

Aus dem ärztlichen Gutachten:
»... Zur psychiatrischen Situation erfuhr ich, Patient sei Einzelkind. Patient bemüht sich, als Wehrdienstverweigerer anerkannt zu werden. Dies sei ihm beim erstenmal nicht gelungen...
Der Patient fällt hier durch sein Äußeres auf. Er läßt sich gerade einen Backenbart wachsen und trägt eine getönte Brille...
Sonst macht bei der Untersuchung hier, neuro-psychiatrisch gesehen, der Patient einen ungeleiteten, vaterlosen Eindruck.
Man sollte der Persönlichkeit Gelegenheit geben, weiter zu reifen. Abitur und feste Ausbildung, und sei es als Journalist, sollte angestrebt werden. Von freiberuflicher Zeitschriftenmitarbeit sollte abgeraten werden.
Ich würde es nicht als gegen die guten Sitten verstoßend erachten, einstweilige Suspension vom weiteren Dienst von der Auf-

lage abhängig zu machen, Veröffentlichungen gegen die Bundeswehr zu unterlassen...«

Ich werde mit dem Sanitätswagen ins Bundeswehrlazarett gefahren.
Der Treppenhausschacht der neurologisch-psychiatrischen Abteilung – im 3. Stock – ist mit einem Fangnetz für Selbstmörder abgesichert. Das Netz ist etwas ausgebeult. Später erfahre ich, daß zu Neujahr ein Oberleutnant der Fallschirmspringer – Patient der »Neuro« – ins Netz gesprungen ist.
Ich melde mich im Geschäftszimmer an. Ein Patient im Trainingsanzug steht stramm vor dem Feldwebel und macht eine zackige Meldung: »Zähne geputzt, Fingernägel gesäubert, melde mich gehorsamst ab zum Spaziergang.«
Der Feldwebel sagt: »Jawohl, Herr Major.«
Ich glaube, hier schon den ersten Geisteskranken entdeckt zu haben. Typische Form von Größenwahn. Ein unterer Dienstgrad, der sich mit »Herr Major« anreden läßt. Später erfahre ich, daß der Major echt und schon zehn Monate lang hier ist.
Man weist mir ein Zimmer zu. Die Kranken sehen ganz normal aus. Ich mustere sie verstohlen, um herauszubekommen, warum sie hier sind. Sie mich auch. Die meisten liegen »zur Beobachtung« hier. Sie beobachten sich gegenseitig am schärfsten. Jeder pocht darauf, daß er zu Unrecht hier ist, und legt den andern die normalsten Reaktionen als »typisch neuro« aus.
Die Patienten laufen auf der geschlossenen Station frei herum. Manche gehen auf den Gängen unruhig auf und ab, werden nicht müde dabei, ein paar stehen am Treppengeländer und starren ins Netz. Die meisten halten sich in ihren Zimmern auf. Im hinteren Teil der Abteilung, wo auch die Einzelzimmer der Offiziere liegen, sind die Fenster vergittert. Dort ist auch die »Gummizelle«.
Unter den »Neuro-Offizieren« ist ein Oberst der Ranghöchste. Dann sind da ein älterer, befehlsmüder Korvettenkapitän, ein Hauptmann, ein paar Leutnants und ein Major, der mit mir ab und zu ein paar Worte wechselt. Er erzählt mir von seinem »Popo, der jetzt auf Ekzeme behandelt wird«, nachdem er ein paar Monate viele Medikamente gegen nicht vorhandene Hämorrhoiden geschluckt hat.« Jeden Abend geht er zum öffentlichen Fernsprecher und führt längere Gespräche, ohne daß

man einen Groschen fallen hört. Als er erfährt, daß ich Kriegsdienstverweigerer bin, sagt er mir mit weinerlicher Stimme: »Aber wir sind doch die Soldenten des Friedens, wir sagen besser Friedensministerium und nicht Kriegsministerium!« Er spricht von dem Auserwähltsein der weißen Rasse gegenüber den schwarzen und gelben Völkern: »Es sind zwar auch Menschen, aber rein biogenetisch gesehen...«
Mit der Zeit komme ich dahinter, wo beim einzelnen was nicht stimmt. Bei meinem Nebenmann, der nachts von seiner Braut phantasiert, bricht der Eifersuchtswahn aus. Er war eingeliefert worden, weil er sich und die Familie seiner Braut mit der Pistole bedroht hatte, angeblich, weil man ihre Heirat hintertreiben wollte. Jetzt verdächtigt er willkürlich einen von uns, ihn mit seiner Braut hintergangen zu haben. Er durchwühlt dessen Schublade und Kleidung fieberhaft, bewahrt schließlich ein winziges Stoffstück von dessen Hose als »Beweismaterial« sorgsam auf. Er will seine Braut »zur Rede stellen«. Das Stoffstück stimme mit der Polsterung seines Rennwagens überein. Das Unheimliche ist, daß es ihm anfangs gelingt, einige von uns von seiner Wahnsinnsidee zu überzeugen, die daraufhin Partei gegen den Verdächtigen ergreifen.
Nach und nach wird mir klar, wo ich gelandet bin.
Ich komme mir vor wie der typische Irre, der sich als einzig Normaler unter lauter Irren vorkommt. Es ist fast unmöglich, in einer psychiatrischen Abteilung »auf Beobachtung« annähernd normal zu erscheinen.
Wir haben einen Obergefreiten, der fast vier Jahre bei der Bundeswehr ist und alles mögliche Getier imitiert, sich dann auch so fühlt. Er bellt, miaut, blökt und quakt oft, wenn man sich mit ihm unterhält. Er sagt, daß er sich das erst bei der Bundeswehr angewöhnt habe. Andere Fälle auf der Station: Ein Feldwebel trägt ständig sein Kopfkissen wie einen Säugling mit sich herum. Ein Patient fällt nach jeder Mahlzeit in geistige Umnachtung. Ein Neueingelieferter rennt schreiend durch die Gänge: »Ich will endlich meine deutsche Uniform haben!« Er kriegt sie nicht. Man transportiert ihn kurz darauf in eine geschlossene zivile Anstalt ab. Einer hat seinem Spieß mit einem ausgerissenen Stuhlbein eins übergezogen und ihm seinen Stahlhelm hintendrein ins Kreuz geschmissen. Sein Spieß wird am selben Tag eingeliefert, zwei Stockwerke tiefer. Ein verstörter ehemaliger Unteroffizier rennt durch alle Räume. »Muß

mich erst wieder an die Anscheißerei gewöhnen, sonst habe ich die Anschisse erteilt!« Einer läuft mit Zuckungen im Gesicht herum. Beim Zielen ist ihm ein Nerv gerissen. »Der große Meister«, so will ein anderer genannt sein, proklamiert, stark schwäbelnd, theatralisch laut seine Verse: »Ich lag unschuldig in der Bundesgruft.« (Er hatte drei Wochen im Bau gesessen.) »Einsam und verlassen in feuchter Luft. Und die deutsche Uniform, sie klebte an mir vom eignen Blut und nicht vom Bier.« Er schüttet über jeden, der sich mit ihm einläßt, seinen Haß gegen die Bundeswehr aus. Er sei wegen Befehlsverweigerung unschuldig zu drei Wochen Gefängnis verurteilt worden, die er im Bau habe absitzen müssen. An die Gerichte, bis zum Bundesgerichtshof, schickt er jetzt seine flammenden Protestschreiben. Er beschimpft die Richter: »Ihr Abschaum der Menschheit« oder: »Ihr Schmarotzer der menschlichen Zivilisation!«

Ich zerbreche mir den Kopf, worin die »Beobachtung« bestehen mag. Wir untersuchen unser Zimmer, um dort eine Abhöranlage oder ein magisches Auge zu entdecken, natürlich erfolglos. Jeden Morgen »beobachtet« uns der Stationsarzt, Oberstabsarzt Dr. Landau, mit einem einzigen kurzen Blick.

Zur Visite müssen wir vor den Betten antreten. Er fragt dann in die Runde: »Nichts Neues?« Wir verneinen einzeln. Dann geht er wieder.

Es kommt höchstens einmal vor, daß er den zu einem Röntgenbild gehörenden »Kopf mit Delle« verzweifelt sucht und nicht findet. Alle fühlen sich an den Kopf und sagen: »Nein, bei mir nicht.« Die Schwester meint, daß der ›Kopf mit Delle‹ sicher schon entlassen sei.

Ein vertretender Arzt verwechselt bei der Visite in unserem Zimmer einen Patienten. Er fordert unseren Eifersuchtswahnsinnigen auf: »Quetschen Sie ganz feste meine Hand! Warum lassen Sie schon nach? Sie sind schlapp! Schaun Sie mir in die Augen. Ich seh' schon, typisch. Das hängende Lid. Sie sind sicher von Ihren Kameraden wegen Ihrer Schläfrigkeit viel gehänselt worden!« Er bejaht auch. »Dachte ich mir! Sie haben noch drei Geschwister?« Er verneint. »Ihr Vater ist im Krieg gefallen?« »Nein, der lebt noch.« »Dann sind Sie das auch gar nicht, der hier auf der Akte steht.« Der Arzt unterbricht die Visite und verläßt eiligst den Raum.

Einmal werde ich zum Stationsarzt gerufen. Er will die Anamnese (die Vorgeschichte meiner »Krankheit«) aufnehmen. Ich

frage, warum ich überhaupt hier bin. Er meint: »Wir müssen Sie beobachten, ob Sie noch zu gebrauchen sind!« Dann kommt er auf meine Kriegsdienstverweigerung. Ob es wahr sei, daß ich bisher kein Gewehr angerührt habe. Er erklärt mir, als Kriegsdienstverweigerer weiche man doch sehr stark von der Norm ab. Ich antworte, daß es mir inzwischen selbst aufgefallen ist. Er will wissen, wann mein Artikel erscheint. Ich soll ihm Auszüge daraus zeigen. Ich sage, daß ich nicht weiß, wann der Artikel erscheint, und kein Material hier habe.

In der nächsten Woche fragt er wiederholt nach meinen Artikeln. Es interessiert ihn »rein als Arzt«. Ich zeige ihm einige Stellen aus meinem »Bundeswehrtagebuch«. Am gleichen Tag läßt er mich rufen, macht mir klar, daß er mich für dienstuntauglich hält. »Sie stehen halt doch zu weit außerhalb der Norm.« Am folgenden Tag stellt er mich dem Oberfeldarzt (Oberstleutnantsrang), dem Chefarzt des Lazaretts, vor. Dieser fragt zum Schluß: »Gesetzt den Fall, wir entlassen Sie dienstunfähig, setzen Sie dann noch Ihre Kriegsdienstverweigerung fort? Damit könnte die Sache eigentlich für Sie erledigt sein!«

Ich antworte, daß es mir darauf ankommt, anerkannt zu werden.

Wie auf ein Stichwort erheben sich die beiden Ärzte, erklären, daß ich »dienstunfähig« bin und am gleichen Tag noch meine Sachen packen kann.

Ich erfahre auf Umwegen, daß im vorläufigen Entlassungsbericht die Diagnose auf »abnorme Persönlichkeit« gestellt ist: Tauglichkeitsgrad VI, »verwendungsunfähig auf Dauer« (»für Frieden und Krieg«).

Kasernenprotokolle. Soldaten berichten

(1967–1971)

»Der Spindappell war hart. Wir wohnten im zweiten Stock, und im ersten Stock hatte es schon bis Mittag gedauert. Und wir waren des Schreiens, Spindeauseinanderreißens und des Bettenzerstörens müde. Wir sollten zum Essen.
Wir stellten uns alle zum Essen auf. Manche waren sauer, weil sie in zehn oder mehr Sachen aufgefallen waren, andere, weil sie immer noch nicht kontrolliert waren. Der Kompaniechef war weg, und der Leutnant hatte das Feld mit den Unteroffizieren und den Hilfssheriffs für sich alleine. Lustlos, wie wir waren, gingen wir zum Essen. Für den UvD (Unteroffizier vom Dienst) nicht schnell genug, darum läßt er uns zur Strafe singen: ›Mädel, draußen ist es so schön!‹ Es klappt natürlich nicht. Er läßt uns an der Kantine vorbeimarschieren. Die Meute fängt an wütend zu werden. Auf der Panzerstraße vor der Kantine bricht dann alles zusammen. Der UvD befiehlt: ›Laufschritt!‹ Niemand läuft. Der UvD befiehlt: ›Deckung! Atomblitz!‹ Niemand legt sich hin, außer den Übereifrigen, den Radfahrern vom 3. Zug. Der UvD fängt vor Wut zu toben an. Als wir wieder, einer nach dem anderen, in den Block zurückkommen, glaubt jeder einzelne, er sähe weiße Mäuse. Die Ausbilder, vom allmächtigen Leutnant bis zum kleinsten Hibi (Hilfsausbilder), rennen alle mit Stahlhelm und Pistole herum. Die Tür zum Block wird abgeschlossen, es darf niemand mehr hinaus. Der große Tanz kann beginnen.
Auf den Fluren stehen Kameraden mit Helm, Kampfanzug und Gewehr. Wir alle müssen den Kampfanzug anziehen. Das Türenschlagen ist verboten. Man spricht von Meuterei und Ausnahmezustand. So langsam nähert sich unserer Stube eine Lärmwand von Gepolter und Gebrüll. Dann ist es soweit. Der Leutnant mit seinem Gefolge rennt in unsere Stube und fängt auch hier gleich zu brüllen an. Die Ausbilder verteilen sich, und jeder fängt an, einen Spind auseinanderzuziehen. Ich bin besonders schlimm dran und ›Friederchen‹. Ich falle in fünfzehn Sachen auf. Schlafsack, Trainingsanzug, Gasmaske, Schuhputzzeug, Stiefel, Butterdose, Zeltstäbe, Ausgehhose, Arbeitshose, der arme UvD kann gar nicht so schnell mitschreiben, wie ihm die Wörter an den Kopf fliegen ... Der ganze sorgsam eingeräumte Inhalt des Spindes ist auf den Boden geschmissen, meine Sachen mischen sich mit denen der anderen Kameraden. Ich beiße die Zähne zusammen und beginne mit den Aufräumungsarbeiten ...«

Ein Bericht von Hunderten. Ein alltägliches Ereignis, im Tagebuch festgehalten. Spindkontrollen zur Disziplinierung, Gesang als Strafe und Ausnahmezustand aus nichtigem Anlaß als Methode, den neuen Soldaten in das Schema von Befehl und Gehorsm zu pressen.
Aus demselben Tagebuch:
»Wir lagen auf dem Truppenübungsplatz Baumholder und übten ›Spähtrupps‹. Der dritte Zug bekam Befehl, das Wirtshaus ›Zum Adler‹ in Kirchenbollenbach anzulaufen. In dieser Kneipe war bereits ein großes Hallo. Ein Teil unserer Ausbilder saß seit frühem Morgen dort und soff. Dann kamen wir, die einfachen Rekruten, hinzu. Der Zugführer ging mit seinen Ausbildern und einem Rekruten in die nebenliegende Metzgerei. Dort klauten sie, ohne daß der Metzger es merkte, ein bratfertiges Hähnchen aus der Tiefkühltruhe. Am Abend wurde es am ›Ausbildungsfeuer‹ des dritten Zuges gebraten. Nun erlaubt sich der Rekrut, der es mitorganisiert hat, dem Hahn einen Flügel zu klauen und genüßlich zu verspeisen. Das paßt dem Zugführer natürlich nicht. Was muß der Rekrut tun? Er bekommt den Befehl, auf einen Baum zu klettern und zu rufen: ›Ich bin der größte Hahn des dritten Zuges und werde bald geschlachtet!‹
Hätte ich doch nur geschwiegen, doch mir kam die Idee, daß ein Hahn vorher ›kikeriki‹ schreien muß. Gedacht, gerufen. Doch nun kam die Reihe an mich. Ich mußte hinüberlaufen, noch ein Stückchen höher steigen als mein Kamerad und ihm ›kikeriki‹ hinüberrufen. Das ›Kikeriki‹ gefiel dann schließlich dem Zugführer so gut, daß ich jeden Morgen etwas früher geweckt wurde und den ganzen Zug mit ›Kikeriki‹ wecken mußte ...«

Derartige Methoden der Demütigung und des Lächerlichmachens sind bei den Ausbildern sehr beliebt. Sie sorgen für die richtige Mischung an devotem Untertanenverhalten und oft selbstquälerischem Spaß bei den Gemaßregelten und heben gleichzeitig die Stimmung innerhalb der gesamten Kompanie.
R. F. aus der Ausbildungskompanie 7/7, Dülmen:
»Hinter allen Äußerungen gegenüber Vorgesetzten steht in diesen drei Monaten immer die Angst, am Wochenende nicht nach Hause in Urlaub zu dürfen. Die Urlaubssperre am Wochenende ist überhaupt das Hauptdrohmittel in der Bundes-

wehr, das bei jeder passenden und unpassenden Gelegenheit angewandt wird.«

J. M. aus der 4. Batterie des Feldartilleriebataillons 71, Dülmen:

»Die Leistungen, die man für ein freies Wochenende aufbringen muß, reichen vom unterwürfigen Grüßen über den Gang zum Truppenfriseur bis zum Holzhacken für den heimatlichen Herd des Waffenfeldwebels.«

Selbst (oder gerade) die Begrüßung wird als Mittel der Disziplinierung angewandt (J. F. aus Mittelharthausen/Straubing):

»Als der Gefreite Heitner einmal, beide Hände mit dem Abendessen beladen, von der Küche kam, wurde er vom Hauptmann von Zitzewitz (Kompaniechef AuklKp. Geb.8) angehalten, ihn zu grüßen. Gefreiter Heitner gab zu verstehen, daß er diesen Befehl doch nur schlecht ausführen könne, und er grüßte dann auch nicht nach dem Reglement (fünf Schritte vor dem Vorgesetzten, exakte Haltung und so weiter). Darauf wurde er vom Hauptmann Zitzewitz angewiesen, ihm so lange nachzulaufen, bis er ordentlich gegrüßt habe. Außerdem machte der Hauptmann Meldung (mit Forderung nach Bestrafung wegen Nichtbefolgung eines Befehls), die zu einer Arreststrafe von sechs Tagen führte...«

Das System der absoluten Befehlsgewalt funktioniert, indem dem Soldaten jede eigene Entscheidungsfreiheit abgenommen wird. Ein immer wieder zitierter Ausspruch als Zeichen der Entmündigung: »Sie haben hier nicht zu denken; das tun hier andere für Sie.«

Der Soldat F. R. aus dem Stuttgarter Raum berichtet:

»Beim Fotografieren der einzelnen Gruppen unserer Kompanie stellte der Gruppenführer die Frage: ›Wer ist für ein Foto mit Maschinengewehr im Vordergrund?‹ Als über die Hälfte dagegen war, mußte es jeder begründen. Ein Rekrut sagte unter anderem, er würde sowieso nie auf Menschen schießen. Die Antwort des Unteroffiziers: ›Dann wäre ich der erste, der Sie im Ernstfall umlegen würde.‹ Ferner sagte er abschließend: ›Nun weiß ich, was ihr für ein lascher Haufen seid, ich werde euch schon noch ficken!‹ In der nächsten Woche wurden wir außerdienstplanmäßig zur Feuerwache eingeteilt. Begründung: Unsaubere Stube.

Einmal machten meine Nerven nicht mehr mit – sechsmal hintereinander war mein Spind kontrolliert worden –, und ich warf

die Uniformen aus meinem Spind auf den Boden. Ich wurde von einem Feldwebel und einem Unteroffizier zum Hauptmann (Kompaniechef) gebracht, der mich anschrie, ich wolle wohl den ›Übergeschnappten‹ spielen. Auf der Stube befahl er mir, den Spind sofort wieder in Ordnung zu bringen. Ich sagte ihm: ›Wenn Sie mich für übergeschnappt halten, brauch' ich's ja nicht zu tun.‹ Zitternd vor Aufregung stand er vor mir und brüllte: ›Das ist ein Befehl!‹ Dann schlug er mir ins Gesicht. Blut floß sofort aus meiner Nase. – Jetzt behauptete er, ich wäre gegen ihn tätlich vorgegangen, was hundertprozentig nicht stimmt. Feldwebel und Unteroffizier, die dabeistanden, halten natürlich zu ihrem Chef. Die Stubenkameraden dürfen mit niemandem darüber sprechen.«

Der Neueingezogene verzichtet auf eine Beschwerde, sie scheint ihm unter solchen Umständen wenig Erfolg zu versprechen.
In den Schimpfworten der Vorgesetzten, die sich in vielem mit dem Henkervokabular der KZ-Mörder decken, kommen neben Menschenverachtung oft noch unverhohlener Sexualneid und Sadismus zum Vorschein. Hier eine Auswahl der gebräuchlicheren »Kraftausdrücke« aus dem Militärjargon: Sie stehen da wie eine französische Nutte in Rammelstellung – Querscheißer – Scheißhausfliege – Ich werde Ihnen den Arsch noch hochheben (oder noch gebräuchlicher:) den Arsch aufreißen – die Eier schleifen (oft mit dem Zusatz:) bis die gelbe Rotze rauskommt – Sie hätten die Prügelstrafe verdient wie unter Hitler – Stehn da wie eine schwangere Jungfrau – Gehn auf wie die Schwulen – Dreckschwein – Scheißkerl – Idiotischer Bauerntrampel – Sie haben einen Verstand wie ein Schwein vom Arsch bis zur Erde – Wenn ich euch im Arsch hätte, würde ich euch nicht an die Wand scheißen, dafür seid ihr mir viel zu dreckig – Russenpack – lausige Zivilisten – Schlitzaugen – Hottentotten – Depp – homosexuelle Einstellstute – Graben Sie sich ein Loch, und lassen Sie sich erschießen – Hüpfen auf der Stelle, bis daß der Tod eintritt – Werde euch ficken, bis euch das Wasser im Arsch kocht – Rindvieh – Schlappschwanz – Schweine – Hornochsen – lahmarschige Kojoten – ihr Tiere.
»Tradition ist Überlieferung des gültigen Erbes der Vergangenheit. Traditionspflege ist Teil der soldatischen Erziehung. Sie erschließt den Zugang zu geschichtlichen Vorbildern, Erfah-

rungen und Symbolen; sie soll den Soldaten befähigen, den ihm in Gegenwart und Zukunft gestellten Auftrag besser zu verstehen und zu erfüllen...
Rechte Traditionspflege ist nur möglich in Dankbarkeit und Ehrfurcht vor den Leistungen und Leiden der Vergangenheit...
Es ist ein alter Brauch der Soldaten, auf dem Marsch, im Biwak, bei festlichen und auch bei ernsten Gelegenheiten zu singen. Die Bundeswehr setzt diese Tradition fort«, schreibt der Bundesverteidigungsminister als Grußwort im »Liederbuch der Bundeswehr«.
H. B. aus Ratingen schreibt:
»Schon in der Ausbildungszeit lernten wir Lieder, die eigentlich zu dem Geist der Hitlerschen Wehrmacht paßten, nicht aber zum Wohle einer demokratischen Armee.
In einem Grenadierlied heißt es: ›Und wie einst in Polen, Flandern und im heißen Wüstensand stürmen wir Bundeswehrgrenadiere das fremde Land‹; und im sogenannten Panzerlied: ›Voraus den Kameraden, im Kampfe ganz allein, so stoßen wir tief in die feindlichen Reihn.‹ – ›Und schießt uns der Iwan‹ (im ordentlichen Text heißt es das ›Schicksal‹, aber überall wird der ›Iwan‹ gesungen), dann ab, dann wird uns der Panzer zum stählernen Grab.‹
Im Kretalied singen die Soldaten der Luftwaffe: ›In Kreta bei Sturmwind und Regen, da hält ein Fallschirmjäger treu die Wacht.‹
Während in einem anderen Soldatenlied gesungen wird: ›Ist der Kampf auch noch so schwer, das macht uns gar nichts aus. Denn wir ziehen Schritt für Schritt in Feindesland hinaus.‹«
J. F. aus der 3./242 Kompanie Mitterharthausen/Straubing berichtet über die Liedgutpflege in seiner Kompanie:
»...wurden wir praktisch gezwungen, alte SS- und SA-Lieder zu singen (denn wer wollte schon gern über das Wochenende nicht heimfahren und wegen Nicht-Erfüllung der ›Solls‹ nachexerzieren). Dazu ein Hinweis von Leutnant Ullrich: ›Sind zwar alte Nazi-Lieder (Graue Kolonnen, Wie einst in Polen und in Flandern und so weiter), aber jede Armee hat ihre Tradition, die es gilt zu pflegen und zu erneuern.‹ Daß in feuchtfröhlichen Offiziersrunden Lieder wie ›Die Fahne hoch‹ zum beliebten Repertoire gehören, stimmt ebenfalls bedenklich.«
Auch die nicht direkt nazistischen Kampflieder der Bundes-

wehr huldigen dem gleichen Geist. In den Pioniereinheiten zählt zum festen Repertoire das »Pionierlied«:
»Wir sind Pioniere, der Stolz der Armee«, das den Schlußrefrain hat: »Noch sterbend rufen wir: Hurra, Pionier!«
Im offiziellen Liederbuch der Bundeswehr ist auch mit aufgenommen »Kamerad, nun laß dir sagen«. Was sich der Soldat sagen lassen muß: daß er sein bißchen Leben jederzeit wegzuschmeißen hat, wenn ihn »das Schicksal abruft«.
»Horch, die Trommel wird geschlagen: sei bereit, sei bereit! Aus der Traum, es heißt marschieren, heißt sein weniges Leben verlieren.«
Und zum Trost: »Ist ganz gleich, wer da muß sterben; :hat für immer seine Ruh:.«
Das »Fliegerlied« im Bundeswehrliederbuch treibt den gleichen Kult: Heroismus und Todesbereitschaft.
»Wir werden zum Kämpfen geboren... furchtlos in jeder Gefahr...«
Vorbeugend und in Anbetracht der beiden letzten verlorenen Weltkriege:
»Wir werden nicht immer gewinnen. Dennoch! Uns schreckt keine Not! Leben, Vergeh'n und Verrinnen, aber der Glaube tief innen ist stärker als Not und als Tod.«
Einen neuen »Führerkult« bereiten folgende Liedsentenzen vor (aus dem Bundeswehrliederbuch):
»Ich hab' mich ergeben mit Herz und mit Hand... mein deutsches Vaterland... zu leben und zu sterben fürs heilge Vaterland!«
»Wir sind des Volkes Glieder, ein Leib sind wir, ein Geist...«
Und, ganz im Geist von »Führer, befiehl, wir folgen«:
»Jetzt müssen wir marschieren... Wissen wir auch nicht, wohin es geht, wenn nur die Fahne vor uns weht!«
Auch der folgende Sinnspruch in der gleichen Kaserne versteht sich keineswegs ironisch.
»Wer auf die Fahne schwört, hat nichts mehr, was ihm selbst gehört.«
»Der Beste führt uns an, befiehlt, was zu gescheh'n. Und stürmt er kühn voran, bleibt keiner müßig steh'n«, dichtete Hauptmann Kurella und gewann einen Preis beim 1. Wettbewerb der Bundeswehr für neue Soldatenlieder und wurde somit ins Bundeswehrliederbuch aufgenommen. Zum Führer gehört die

Fahne und die Gefolgschaft: »...in Not und in Gefahr woll'n immer treu zur Fahne stehn als eine tapfre Schar.« Dann erfolgt prompt die Einteilung in Herrenmensch und Untermensch nach dem Auswahlprinzip: Wer anderer Meinung ist, ist ein Feind. »Wer mitmarschiert, ist gut, wer bleibt, ein fauler Knecht.«
Wer sich weigert, so etwas mitzusingen, bekommt – wenn nicht Ausgangssperre oder andere Disziplinarstrafen – den Tip, ich solle doch mehr auf die Melodie als auf den Text hören und, auf ein Poleneroberungslied hin bezogen, »am aufopferungsvollen Einsatz der deutschen Soldaten auf dem Polenfeldzug sei doch einfach nicht zu zweifeln«. (M. S. aus einer Münchener Kompanie: Zitat seines Kp.-Chefs, Hauptmannsrang.)
Der »Traditionspflege« unterliegt auch das Nationalbewußtsein der Soldaten. Je stärker es entwickelt ist, um so ausgeprägter ist die Überzeugung von der Minderwertigkeit der anderen Völker, um so nachhaltiger entsteht ein »Feindbedürfnis« und um so konkreter entsteht ein echtes »Feindbild«, ohne das eine Armee nicht maximal einsatzbereit ist. »So spricht unser Spieß (Hauptfeldwebel): ›Soldaten, Kameraden! Wir müssen uns stets vor Augen halten, daß wir Deutsche sind, und ein Deutscher zu sein ist etwas Besonderes, wir haben zwei Weltkriege verloren, und wir haben daraus gelernt, und es wird wieder einmal der Tag kommen, wo wir Deutsche unser Land verteidigen werden.‹« (W. L. aus einer Münchener Panzergrenadierkaserne.)
G. K. aus der Rafflerkaserne, Regensburg, Fernmeldeausbildungskompanie 6/4:
»Bei der Sportausbildung ließ uns Stabsunteroffizier Fi. die Kniebeugen immer mit folgendem Begleittext ausführen: ›Kniebeugen auf, nieder, Kniebeugen auf, nieder, das deutsche Volk marschiert wieder!‹«
Derselbe Stabsunteroffizier beim Marsch zur Kantine:
»Ihr marschiert wie fußkranke Italiener. Zwanzig Jahre alt, nicht laufen können, aber jeder 'ne Alte haben!«
In derselben Kompanie, Unteroffizier Ro. bei der Formalausbildung:
»Geht nicht auf wie schwule Italiener, verdammt noch mal!«
Rede des Oberstleutnants Schaal (Schallmeßbatterie 7) vor versammelter Batterie vor der Abfahrt zum Truppenübungsplatz Grafenwöhr:
»›Wenn Sie sich dort (Lager Gr.) in die Betten legen, seien Sie

vorsichtig, denn da haben vorher ›Nigger‹ und anderes Gesindel gelegen.‹ Da dieser Offizier wegen seiner harten Maßnahmen gefürchtet war, wagte niemand etwas zu sagen«, schreibt der Informant G. S. aus der Ausbildungskompanie 7/7, Dülmen, dazu. Unverkennbar tritt das Feindbild in den folgenden Berichten hervor:

»Als einmal unsere Stube mit fünf Mann verschlafen hatte, sagte unser Spieß: ›Ein Deutscher verschläft nie, ein Deutscher hat auch im Schlaf stets ein Auge offen, er ist stets bereit und immer in Lauerstellung, um einem Angriff aus dem Osten wirksam begegnen zu können.‹ – Hat der Spieß an jemandem was auszusetzen, drückt er seinen Unmut so aus: ›Und so was ist ein Deutscher!‹ Die Sowjetunion wird als verbrecherisches Volk dargestellt, Italiener und Griechen als undiszipliniert, und wir Deutsche, ja nur wir sind gerecht, gehorchen, Sauberkeit und Ordnung, das ist unsere erste Pflicht!« (W. L., Münchener Panzergrenadierkaserne.)

F. N. aus der Scharnhorstkaserne Panzergrenadier-Bataillon 4/13, Northeim/Harz, schreibt:

»Beim politischen Unterricht fiel mir auf, daß der zu bekämpfende Feind ausschließlich im Osten gesucht wurde. Der barbarische, frauenvergewaltigende Russe, das Schreckgespenst des Bolschewismus wurde heraufbeschworen, unterschwellige Emotionen angesprochen. Der Feind wurde von unseren Ausbildern als ›Ruskis‹, ›Schlitzaugen‹, ›Zitronenscheißer‹ tituliert, und um uns von der Notwendigkeit schnellster Reaktionen im Nahkampf zu überzeugen, pflegte unser Stabsunteroffizier zu sagen: ›... dann sofort losballern, bevor euch die Schlitzaugen die Hodensäcke aufschlitzen ...‹«

R. H. berichtet aus einer Münchener Kompanie:

»Mein Zugführer befiehlt uns in einem Zugunterricht folgendes: ›Und wenn ihr dann in den gegnerischen Schützengraben kommt und da liegt so ein Russensack und röchelt noch: ah, ah, ah... dann haltet ihr kurz rein: ratatatata! Denn wenn ihr das nicht tut, dann kommen die Sanis und holen ihn, und drei Wochen später kommt er wieder!‹«

Der »Dienst an der Waffe«, das Töten ist theoretisch bereits so geläufig und eingeübt, daß es im »Ausnahmezustand« oder »Ernstfall«, also im Krieg, wo ohnehin »andere Gesetze gelten«, auch gegen den eigenen Kameraden angewandt werden kann, um »auf Nummer Sicher zu gehen«.

»Anlaß zum Nachdenken (des Informanten, der bei der Sicherungsstaffel der Schießplatzgruppe Sylt Dienst tut) gab ein Gespräch zwischen unserem Kompaniechef und einem Ausbilder während des Unterrichts ›Festnahme und Waffengebrauch‹. Im Verlauf dieses Gesprächs, bei dem es sich um die sehr schwierige rechtliche Lage im Fall eines Waffengebrauchs (in Friedenszeiten) handelte, fiel das fatale Wort ›Fangschuß‹. Niemand widersprach, die Mehrzahl setzte sich lebhaft dafür ein. Sehr präzis ausgedrückt besprach man das ›Wie‹ und nicht das ›Wider‹, daß nämlich eine durch einen Schuß verletzte Person unter allen Umständen daran gehindert werden müsse, vor Gericht auszusagen und dem unglücklichen Wachsoldaten einen Strick zu drehen. Ein Fangschuß, der unverfänglich aussehe, sei dann noch das risikoloseste. Der Kompaniechef widersprach nicht, meinte nur, es gehöre schon ›Mumm‹ dazu, einem verwundeten Menschen zwischen die Augen zu schießen, stellen Sie sich das nicht so einfach vor...«
Andererseits wird – neben dem Ruf nach eigener Militärgerichtsbarkeit – recht häufig der Ruf nach Todesstrafe bei Befehlsverweigerung im Kriegsfall laut:
»Die Einrichtung der Todesstrafe im Krieg wird – so hörte ich bei der Bundeswehr von Offizieren immer wieder – sehr befürwortet, um den kämpfenden Soldaten zu ihm nicht angenehmen Aufgaben zu zwingen. Als Beispiel wird immer der Spähtrupp oder das Exekutionskommando erwähnt, das heißt, ein Soldat kann nur dann wirksam zum gefährlichen Spähtrupp-Laufen oder ihn belastenden Erschießungen von zum Beispiel Zivilisten gezwungen werden, wenn ihm die Todesstrafe droht.« (G. T., Panzerartilleriebat. bei Marburg.)
Von hier bis zum Erträumen neuer »Eliteeinheiten«, mit denen sich der nie aufgegebene Osten (»Nur die Sache ist verloren, die man aufgibt«: einer der Kernsprüche im Bundeswehrliederbuch) überrollen ließe, ist es nicht weit:
»Während des Wachdienstes tat der Oberfeldwebel Hans Sorge, Schirrmeister bei der 2./163 (Panzer-Grenadiere in Flensburg/Weiche), folgende Äußerung: Der ganze Streit um die Anerkennung der ›Ostzone‹ sei überflüssig, ebenso um die Oder-Neiße-Grenze. Man könne die Angelegenheit ganz schnell dadurch bereinigen, daß man eine SS-Division hinüberschicke. Ihm sei es unbegreiflich, daß man immer wieder Kontakt mit ›denen‹ suche. Eine militärische Aktion würde das

ganze Problem im Handumdrehen lösen.« (Diese Worte wurden von mehreren Soldaten mitgehört, keiner wagte zu widersprechen.)
Daran schließt folgerichtig die Beobachtung (jeder vierte Berufssoldat wählte NPD):
»Als Adolf von Thadden seine Wahlkundgebung in Flensburg abhielt, ging ich schon besonders früh hin. Ich bemerkte, daß schräg hinter mir in der vierten Reihe sechzig Prozent der Offiziere des Bataillons saßen. Es waren durchweg die jüngeren. Ich wußte, daß nur vier oder fünf regelmäßig die Nationalzeitung gelesen hatten, doch die Reaktion der Herren während der Veranstaltung belehrte mich eines Besseren. Bei den Passagen, bei denen am stärksten auf die SPD und die Gewerkschaften geschimpft wurde, bei denen vom ›nationalen Verrat‹ die Rede war, wurde von ihnen am meisten geklatscht.«
D. O. berichtet von Hauptmann Schrader, dem Chef der Fernmeldeausbildungskompanie 3/7, Hellweg-Kaserne, Unna, inzwischen befördert zum Major und stellvertretender Kommandeur des Fernmeldebat. 7 in Lippstadt:
»Während einer Kompaniebelehrung ließ er Einblicke in seine Traumwelt zu: ›Einer meiner Kameraden, Kompaniechef wie ich, erzählte mir einmal, seine Kompanie ginge begeistert mit ihm nach Vietnam. Ich wollte, ich könnte das auch sagen!‹«

Seit die Notstandsgesetze durch das Parlament gepaukt wurden, macht das Feindbedürfnis innerhalb der Bundeswehr Fortschritte im Sinne einer Umschichtung. Die ständig heraufbeschworene Gefahr aus dem Osten war zuletzt nur noch ein künstlich aufrechterhaltener Popanz. Das Feindbild geriet ins Wanken, als dem potentiellen Gegner einfach keine Aggressionsgelüste mehr unterstellt werden konnten. Es ist eine Erfahrung der Psychoanalyse, daß eine nicht abgerufene Aggressionsbereitschaft nach innen umschlagen kann. Legale Handhabe dazu ist die Notstandsgesetzgebung Artikel 87a:
»Zur Abwehr einer drohenden Gefahr für den Bestand der freiheitlich-demokratischen Grundordnung des Bundes oder eines Landes kann die Bundesregierung... Streitkräfte zur Unterstützung der Polizei und des Bundesgrenzschutzes beim Schutze von zivilen Objekten und bei der Bekämpfung organisierter und militärisch bewaffneter Aufständischer einsetzen.«

Der »Hauptfeind« steht seitdem innen. Oft schon erkennbar durch lapidare Äußerungen:
»Sanitäts-Oberfeldwebel Weltzien (Stabskompanie Panzerbrigade 21 in Augustdorf) nach dem Überfall auf das Munitionsdepot Lebach: ›Das war bestimmt der AStA!‹«
Planspiele und Einsatzübungen innerhalb der Bundeswehr erfahren eine Bereicherung (K. R. aus der Panzerjägerkompanie, Ernst-Moritz-Arndt-Kaserne, Neustadt/Marburg):
»Bei jeder Diskussion (bei Kompaniebelehrungen und im privaten Gespräch mit Offizieren) wurden immer wieder die gleichen Argumente vorgetragen. Demonstrationen sind lächerlich, die der Studenten kriminell dazu. Die Rädelsführer sind meistens keine Studenten, sondern bezahlte Agenten und Aufwiegler aus dem Osten, speziell der DDR. Die Studenten lassen sich von diesen Leuten nur ›verführen‹ und ›mißbrauchen‹. Besonders Rudi Dutschke erschien ihnen suspekt. Seine Flucht aus der DDR war keine Flucht, sondern eine ›getarnte Agenteneinschleusung‹. Diese Leute haben in erster Linie die Aufgabe, das Terrain für die späteren echten ›Agenten‹ und ›Aufwiegler‹ zu bereiten. Oberleutnant Pontow ließ sich zu der Bemerkung hinreißen, daß in der Kompanie vielleicht schon Agenten sitzen (damit meinte er mich).
Auf meine Frage, ob er das auch glaube, was er vor der Kompanie vertrete, meinte er, er sage das nicht, weil die Bundeswehr das so verlange, sondern weil es seine Überzeugung sei. Ihm bekannte Offiziere seien ähnlicher Meinung. Im übrigen beweise die Geschichte seine Theorie. Der Kommunismus wolle die Weltrevolution. Der Beweis, daß er dieses Ziel noch nicht aufgegeben habe, liege auf der Hand: Studenten rennen wie Geisteskranke mit ›Ho-Tschi-Minh‹-Rufen durch die Straßen, tragen Mao-Bilder und Vietcong-Fahnen durch die Gegend. Dies sei der 1. ›Beweis‹. Der 2. ›Beweis‹: Die Studenten revoltierten in der ganzen Welt. Darin spiegele sich hauptsächlich die Idee des Weltkommunismus und der Revolution wider. Von Unteroffizieren wurde noch argumentiert: Woher nehmen denn diese Leute das Geld für ihre Reisen, Vorträge, Flugblattaktionen und Raummieten? Studenten sind arm, also müssen sie ihre Gelder aus dem Osten beziehen.
Bei einer derartigen theoretischen Grundlage war es nicht schwer, die gestellten Forderungen zu realisieren. Um der praktischen Betätigung aber den Charakter von Notstands-

übungen zu geben, wurden sie in allgemeine militärische Ausbildungen mit einbezogen.
Eine derartige Ausbildung war zum Beispiel ein vierzehntägiger Biwakaufenthalt in Holzhausen (Kreis Biedenkopf). Übungsthema waren Einzelkampf und Intensivierung der Infanterie-Gefechtsausbildung, zum Beispiel Verfolgung von Gruppen in unübersichtlichem Gelände, Abwehren von Angriffen aus Steinbrüchen heraus, schnelles Handhaben des Gewehres und anderer Handfeuerwaffen.
Bei Geländebeurteilungen, die während des ganzen Jahres regelmäßig durchgeführt wurden, erklärte man neben rein militärischen Angelegenheiten auch nebenbei, wie man am besten Ortseingänge und -ausgänge abriegelt. Diese Ausführungen haben mit einer Panzerausbildung nicht das geringste zu tun. Unsere eigentliche Aufgabe ist es, feindliche Panzer auf 2,5 bis 3,3 km zu bekämpfen.
Ab Sommer 1968 wurde das Werfen von Brandflaschen, Blend-Brand-Handgranaten und Handflammenpatronen geübt. Alle drei Methoden dienen der Panzer-Nahbekämpfung im Straßenkampf. Aber auch gegen andere ›Objekte‹ lassen sich diese Mittel (so Oberleutnant Pontow) anwenden.
Außerdem ist mir eine Übung in einer Bundeswehreinheit bekannt, die offiziell als Notstandsübung geplant war. Hierbei wurden die Schaufeln der Leopard-Berge-Panzer mit Strohballen verkleidet und gegen Demonstranten mimende Soldaten eingesetzt.«
Ein anderer Bericht. (D. O. aus der Panzerbrigade 21, »Generalfeldmarschall-Rommel-Kaserne« in Augustdorf):
»Für die Übung ›Schneesturm‹ (24. und 25. Januar 1969) hatte sich unser Oberst Renner etwas Besonderes ausgedacht: Er ließ eine Kompanie des Panzergrenadierbataillons 212 den Aufstand proben. Die Soldaten mußten Zivilkleidung anziehen (möglichst gammelige), auf Transparente Sprüche malen, die den Linken, den Kriegsdienstgegnern, in den Mund gelegt wurden (zum Beispiel ›Lieber rot als tot‹). Er ließ dann durch eine Marschkolonne Panzerbataillone 213 und 214 durch ein Sit-in die Straße sperren.
Da die Aktion stillschweigend vorbereitet war, hielten diese Soldaten die Demonstration für echt. Was jetzt folgte, war also keine Übung mehr, sondern ›Ernstfall‹. Ein Hauptmann soll geschrien haben, als der erste Panzer stoppte: ›Warum fahren

die Idioten nicht einfach weiter?‹ Soldaten sind mit Gewehrkolben gegen die ›Demonstranten‹ vorgegangen. Oberst Renner war des Lobes voll für den vorbildlichen Einsatz seiner Soldaten.«

J. K. berichtet aus der Straubinger Gegend:

»Als man nach dem politisch ›lauen‹ Frühling 1968 (Dubček) keinen rechten Grund für verstärkte Wachbereitschaft mehr fand, setzte man das Gerücht in Umlauf, Studenten hätten die Absicht, gegen die Kaserne vorzugehen. Unsere Einheit (zusammen mit anderen etwa 2000 Soldaten) lag in Mitterharthausen – einem Dorf mitten im Feld –, der nächste Ort Straubing hat keine Studenten und ist 7 km entfernt. So übte man zum Beispiel am Pfingstsonntag 68 Notstand: Kampfanzug, aufgestellte MGs vor dem Haupttor, obwohl nicht einmal ein Passant zu sehen war (man übte auch ›Vorgehen gegen angreifende Demonstranten‹). Mitterharthausen besteht zu neunzig Prozent aus Kaserne und dazugehörigen Anlagen.

Als im August 1968 scharf aufgerüstet wurde, hörte man Äußerungen wie ›Endlich geht's los, endlich können wir denen zeigen, was wir können.‹ (So Oberleutnant Paul, 5./242.)

Major Lang (stellvertretender Bataillonskommandeur 242) wollte gleich ›mit dem ganzen Haufen‹ in den Bayerischen Wald an die Grenze, um denen zu zeigen, daß man auch noch da ist, um auf den Tisch zu hauen, wenn's nötig ist‹. – Nachdem die Sache etwas abflaute, erfand man das Gerücht, tschechische Soldaten hätten einen Aufstand gemacht und seien – von den Russen verfolgt – über die Grenze geflohen. So konnte man wenigstens in der grenznahen Kaserne weiter Krieg spielen (erhöhte Alarmbereitschaft, Ausgehverbot und so weiter), die Offiziere und die meisten Feldwebel betraf das wenig, sie wohnen gleich vor der Kaserne. Allgemein wurden die Tschechen als ›Feiglinge‹ hingestellt, da sie keinen bewaffneten Widerstand geleistet hätten (besonders Leutnant Kawälde tat sich da dick hervor ...).«

Auch folgende Übung, vor Verabschiedung der Notstandsgesetze durchgeführt, ist aufschlußreich für das neue Feindbild (durchgespielt am 11. März 68 an der Heeresoffiziersschule I [HOS I] in Hannover):

»Lageentwicklung am 11. März 1968:

Auf einer Konferenz von Studentenverbänden in Frankfurt vom 3.–9. März 68 wurden alle Soldaten, die an Kursen der Führungsakademie und so weiter teilnehmen, sowie die Lehr-

gangsteilnehmer aller Offiziersschulen der Bundeswehr zur Solidarität mit den Forderungen der Studenten nach einer Hochschulreform aufgerufen. Der Aufruf wurde an die Presse weitergeleitet und am 9. März 68 veröffentlicht.
Am 9. und 10. März bot sich den Bundesbürgern das gewohnte Bild der kritischen Lage: Demonstrationen von Bauern und Schülern, Protestumzüge von Studenten in Köln. Das Verteidigungsministerium behält sich weitere Schritte vor.
11. März 68, 9.45 Uhr: Fernschreiben des Bundesministeriums der Verteidigung: Der Verteidigungsminister nimmt Stellung zu der Aufforderung der Studenten und stellt fest, daß er keinerlei Ansätze zu Gesprächen zwischen Bundeswehrschulen und Studentenverbänden sieht und daß jeder Änderungsversuch der bestehenden Ordnung innerhalb der Bundeswehr auf Widerstand der zuständigen Stellen im Rahmen ihrer Gesetzesbefugnisse stoßen wird.
11. März 68, 11 Uhr: Vor dem Eingang der HOS III in München kam es zu einem Zwischenfall: Jugendliche Demonstranten durchfuhren mit einem PKW die Wache und entrollten im Kasernenbereich Vietcong-Fahnen. Verbunden hiermit war eine Aufforderung zur Teilnahme am Ostermarsch.
Nur durch Zwangsausübung mit der Waffe konnte die Demonstration aufgelöst werden. Hierbei wurden mehrere Warnschüsse abgegeben.
Kommandeur der HOS I befiehlt daraufhin: Ausgabe der Handfeuerwaffen an die Soldaten, Sicherstellen und Bereithalten von scharfer Munition.
11. März 68, 13.30 Uhr: Befehl an alle Lehrgangsteilnehmer: Ab sofort wird der Dienstanzug getragen. Folgende Inspektion stellt Alarmzug... Anzug für Alarmzug Kampfanzug. Außerdem befehle ich für die... Inspektion Bereitschaft. Für die nicht zur Bereitschaft oder den Alarmzug eingeteilten Soldaten besteht Ausgangsbeschränkung bis 23.30 Uhr.
11. März 68, 14.30 Uhr: Im Laufe des Vormittags hat sich die Lage kritisch zugespitzt. MAD 2 meldet, daß Demonstranten ein ›Go-in‹ in der HOS I in Hannover vorhaben. Es muß angenommen werden, daß die Demonstranten von SED-hörigen Kontaktmännern unterstützt werden.
In mehreren Städten Deutschlands kommt es zum ersten Male zu schweren Zusammenstößen zwischen Polizei und Demonstranten. Aus Kassel wurden die schwersten Zusammenstöße

gemeldet, da hier die Demonstranten die zuständigen Stellen völlig unerwartet und unvorbereitet trafen. Der gesamte Verkehr in und um Kassel ist zusammengebrochen. Das gesamte Ausmaß der Folgen ist noch nicht abzusehen.
Neben Kassel haben auch in Marburg und Göttingen weitere schwere Zusammenstöße stattgefunden.
In Köln legten die Arbeiter der Ford-Werke ihre Arbeit nieder und beteiligten sich an den Demonstrationszügen. Bei allen Umzügen wurden Plakate mit anti-amerikanischen Parolen mitgeführt. Fast überall wurde zum Kampf gegen die die Vietnam-Politik der Amerikaner unterstützende Regierung Kiesinger aufgerufen. (Ky = Kiesinger / Johnson = Mörder, Regierung der Großen Koalition = Regierung der großen Repressalien.)
Mit einer außenpolitischen Verschärfung der Lage ist ab sofort jederzeit zu rechnen.
12. März 68, 4.30 Uhr: Alarmstufe B / Alarmierung der HOS I.
Die innenpolitische Krise in der BRD hat sich weiter verschärft. Nachdem die Demonstrationen bisher nur in Großstädten stattgefunden haben, sind sie mittlerweile auf alle Teile der Bundesrepublik ausgeweitet worden. Bürgerkriegsähnliche Zustände prägen das Bild der Stadt. In Stuttgart wurde bei einer Anti-Amerika-Demonstration ein US-Soldat erschossen. In Kassel herrschen katastrophale Zustände. Zwei Demonstranten wurden im Laufe einer Auseinandersetzung zwischen Polizei und Studenten getötet. Bei allen Demonstrationen wurden Lautsprecherwagen unbekannter Herkunft ausgemacht, die die Demonstranten zum Widerstand gegen das Bonner Regime aufwiegelten.
Parallel zu dem chaotischen innenpolitischen Zustand wurden in der Nacht Truppenbewegungen von Ost nach West festgestellt. SACEUR rechnet damit, daß in den Gewässern vor der Ostküste Amerikas starke U-Boot-Ansammlungen mit Atomwaffenträgern der Sowjets sich bewegen. Aus all den Vorgängen, die in einem engen Zusammenhang miteinander stehen, muß gefolgert werden, daß ein unmittelbarer Angriff der Staaten des Warschauer Pakts auf das Territorium der Bundesrepublik Deutschland bevorsteht.
Das Bundesministerium der Verteidigung befiehlt deshalb für die HOS I Beschleunigung der Alarmmaßnahmen.
Alarmstufe A
Ende der Übung.«

Dokument

(Jährlich öffentlich gehaltene »Vereidigungsrede«: Redner: Major Hansen, stellvertretender Bataillons-Kommandeur, Feldartilleriebataillon 71, Dülmen, St.-Barbara-Kaserne.)

Herr Oberstleutnant!
Sehr geehrte Gäste! Bürger der Stadt Dülmen!
Soldaten des Feldartilleriebataillons 71 und der Ausbildungskompanie!
Rekruten!
Sie sind hier angetreten, um als Freiwillige den Eid und als Wehrpflichtige das feierliche Gelöbnis abzulegen, der Bundesrepublik Deutschland treu zu dienen und das Recht und die Freiheit des deutschen Volkes tapfer zu verteidigen.
Vor einem Jahr rückten die ersten Truppenteile in ihre neue Garnison Dülmen ein. Bisher war es üblich, die Vereidigungen der jungen Soldaten innerhalb der Kaserne vorzunehmen. Ab heute wird diese militärische Feierstunde in der Stadt nicht nur in Anwesenheit geladener Ehrengäste abgehalten. Erstmals in aller Öffentlichkeit, in Gegenwart eines Großteils der Bevölkerung, legen Sie den Eid und das Gelöbnis ab. Ich möchte an dieser Stelle dem Herrn Bürgermeister und dem Herrn Stadtdirektor herzlich danken, diesem feierlichen militärischen Akt hierdurch einen besonders würdigen Rahmen gegeben zu haben.
Soldaten!
Vor wenigen Tagen sind wir aus harten und anstrengenden Manövertagen auf dem Truppenübungsplatz Grafenwöhr zurückgekehrt. Auf dem Marsch dorthin wurde das Bataillon von einem folgenschweren Unglück getroffen. Kanonier Norbert Hanning von der ersten Batterie mußte bei einem Verkehrsunfall schicksalhafterweise sein junges Leben hingeben. In dieser Stunde, in der 150 junge Soldaten ihre Einsatz- und Opferbereitschaft für unser Land beeiden und geloben, wollen wir seiner gedenken.
Rekruten!
Sie stehen hier, weil das Gesetz es so befiehlt.
Ihr Dienst vollzieht sich über den Rahmen der täglichen Ausbildung hinaus in einer Gemeinschaft von Männern, die gleich Ihnen gerufen wurden, als Soldaten treu ihre Pflicht zu erfüllen ...
Genußfrohes Gegenwartsdenken, losgelöst von den Bindungen an überlieferte Werte, Oberflächlichkeit und eine bis ins Groteske verzerrte Betrachtung der jüngsten Geschichte unseres Volkes sind die äußeren Merkmale zeitgenössischen Denkens. Darüber hinaus aber erhebt sich mitten unter uns, ja sogar verschärft innerhalb des Vorpostens der Freiheit, in Berlin, fortschreitend frecher, zügelloser die Hybris der Anarchie und des Nihilismus, teils geduldet, teils sogar gelenkt von

Kräften, als deren hervortretender Wesenszug die Verantwortungslosigkeit erkennbar ist.
Rekruten! Dafür dienen Sie nicht; deswegen sind Sie nicht aus Ihrer Häuslichkeit, von Familie und Beruf weggeholt worden, um diese Umtriebe zu verteidigen. Das hat weder mit Freiheit noch mit Recht auch nur das geringste zu tun.
Seit nahezu zwölf Jahren gibt es wieder deutsche Soldaten, Bundeswehrsoldaten sagen die einen, Bundeswehrangehörige die anderen. Lassen Sie mich das vor einer breiten Öffentlichkeit offen aussprechen. Wir alten Soldaten und die Mehrzahl der jungen empfinden das als eine bewußt oder unbewußt ausgesprochene Herabsetzung. Sowenig es früher Kaiser-, Reichswehr- oder Wehrmachtssoldaten gab, so unpassend und unangebracht ist es, von Bundeswehrsoldaten zu sprechen. Abgesehen von Äußerlichkeiten unterscheidet sich unser Tun und Handeln durch nichts von dem, was Soldaten früherer Epochen auszeichnete: In Liebe und Verehrung schlagen unsere Herzen für unser deutsches Vaterland, wie dies seit eh und je gewesen war. Das, meine jungen Soldaten, mag in Zeiten innerer Bedrängnis, der Anfechtung und des Zweifels der Halt sein, an den Sie sich klammern mögen, wenn einmal um Sie herum nichts mehr sein sollte, wenn es scheint, als sei alles ins Wanken geraten: ein festes Gottvertrauen und eine unverbrüchliche Liebe und Treue zu unserem deutschen Vaterland.
...Strenge und Gerechtigkeit sind die Grundpfeiler der militärischen Erziehung und Ausbildung: Gehorsam, Pflichttreue und Kameradschaft sind die Fundamente erfolgreichen soldatischen Wirkens; hierauf gründen sich alle Tugenden des Soldaten, die in ihrer höchsten Vollendung zu Mut und Tapferkeit im Kampf führen.
Rekruten! Ich habe Ihnen eingangs dargelegt, daß der deutsche Soldat stets unübertrefflich war, wenn es galt, für sein deutsches Vaterland einzutreten. In zwei langen und schweren Kriegen hat er seine Liebe zu seinem Land und Volk in einer Weise dargetan, wie sie sich in Worten nicht ausdrücken läßt. Zweimal in diesem Jahrhundert gingen die deutschen Soldaten einen Opfergang ohnegleichen. Es waren Ihre Großväter und Ihre Väter, die sich die Achtung und Bewunderung der ganzen Welt erzwangen. Am Ende stand jeweils trotzdem die Niederlage. Was hernach über die Soldaten aus dem eigenen Volk hereinbrach, ist unfaßbar. Diesen Zusammenbruch menschlicher Gesittung und menschlichen Anstandes haben wir bis heute noch nicht voll überwunden. Unser Blick ist aber voraus gerichtet. Nicht die Vergangenheit, die Gegenwart müssen Sie bewältigen, um die Zukunft zu gewinnen. Ohne jedoch die Vergangenheit zu verstehen, können Sie das, was ist, nicht begreifen. Das Vorbild zweier Generationen deutscher Männer, die als Soldaten unverbrüchlich ihrem Vaterland die Treue hielten, soll bis in Ihren Alltag hinein leuchten, Ihnen Kraft und Zuversicht geben, auch in ausweglos erscheinenden Situationen nicht zu verzagen. Nicht dem Sie-

ger allein gebührt Lorbeer, sagt ein Dichterwort, ebenso dem Besiegten, wenn er tatkräftig und ehrenhaft dem Stärkeren unterlag.
Rekruten!
Meine letzten Worte an diesem für Sie so bedeutungsvollen Tage widme ich unserem unglücklichen Vaterland, dem Sie in wenigen Augenblicken soldatische Treue geloben werden.
Nicht der persönliche Wohlstand des einzelnen oder auch breiter Kreise darf uns darüber hinwegtäuschen, daß Deutschland, das Herzland Europas, zerstückelt ist und wir Deutschen selbst seit mehr als zwei Jahrzehnten daran gehindert werden, als Volk gemeinsam innerhalb eines einzigen und gemeinsamen Staates zu leben. Solange dieser Zustand anhält, so lange herrscht in Europa kein Frieden. Mitten durch unser Land zieht sich eine Grenze, die den freien Teil Restdeutschlands von den Teilen unseres Vaterlandes trennt, in denen sich einerseits ein Völkerzuchthaus etabliert hat und wo andererseits etwa ein Fünftel unseres Volkes aus seiner fast tausendjährigen angestammten Heimat zugunsten einer landfremden Bevölkerung vertrieben wurde. Das, meine Soldaten, ist ein Tatbestand, der in der Mitte des zwanzigsten Jahrhunderts im Zeichen und im Namen der Menschlichkeit, der Freiheit, des Völkerrechts, der Menschenwürde und einer Anzahl weiterer hoher Ideale geschaffen wurde. Allerdings, in erster Linie durch eine Macht, deren beherrschende Ideologie und deren Untaten ein einziger Hohn auf diese soeben aufgezählten Postulate darstellt. Dieser aggressiven Macht stehen wir gegenüber; mit ihr befinden wir uns in einem zähen geistigen Ringen, dessen Ende nicht abzusehen ist.
Obwohl diese Macht, die sich Sowjetunion nennt, mehr als die Hälfte unseres Landes und Millionen Deutsche in ihren Fängen hält, versuchen sie, den noch verbliebenen Rest Deutschlands und des übrigen Europas unter ihre Botmäßigkeit zu bringen...
Rekruten!
Ich verpflichte Sie auf das Recht und die Freiheit des deutschen Volkes, das Sie in Not und Gefahr tapfer zu verteidigen haben. Möge Ihnen helfen, was sich dem gequälten Herzen eines deutschen Mannes in schwerer Zeit vor 150 Jahren entrang:

> Über uns der Herrgott,
> mit uns das Recht,
> in uns die Pflicht
> stets dafür einzustehen:
> Für unser geliebtes Vaterland:
> Deutschland!

Mit Ihrem Eid und Gelöbnis sind Sie nunmehr hineingestellt in die Gemeinschaft der deutschen Soldaten. Sie bilden jetzt das jüngste Glied einer unendlich langen Kette deutscher Soldatengenerationen und -ge-

schlechter. Sittliche Grundlage dieser Männermannschaft war seit jeher der Dienst an Deutschland, unserem Vaterland. Unser Volk und wir älteren Soldaten erwarten, daß Sie Ihre Pflicht tun.
...Es möge Ihnen gelingen, Zuchtlosigkeit und leeres Geschwätz stets als solches zu erkennen. Das führt zu innerer Freiheit und rüstet Sie gegen alle Anfechtungen. Kaum einem von Ihnen werden Stunden der Vereinsamung und das Gefühl, verlassen zu sein, erspart bleiben. Dann möge Ihnen helfen, was echten Soldaten uralte Weisheit und stets neueste Erkenntnis zugleich bedeutet, gerade weil es dem Zeitgeist zuwiderläuft: »Größten Lohn und höchstes Glück findet der Soldat im Bewußtsein freudig erfüllter Pflicht!«

Anhang

Heinrich Böll

Brief an Günter Wallraff*

Lieber Herr Wallraff,

seit einiger Zeit können Sie im Werbefernsehen hin und wieder eine nette Durchschnittsfrau sehen, die gerade ihre Wäsche gewaschen hat, aber von einem durchsichtigen zarten Wesen, ihrem zweiten Ich, das hinter sie tritt und auf sie einzuflüstern beginnt, mit Erfolg drauf aufmerksam gemacht wird, daß ihre Wäsche noch nicht weiß genug sei. Dieses durchsichtige, schemenhaft zarte Wesen, das zweite Ich der netten Durchschnittsfrau, wird als deren »Gewissen« angekündigt; es bringt die nette Frau auch dazu, irgend so ein Idiotenzeug zu nehmen, womit sie ihre Wäsche *wirklich weiß* wäscht. Ich bewundere immer wieder die Geschicklichkeit der Werbeleute, die es fertigbringen, die zuerst gezeigte Wäsche tatsächlich ein *bißchen grau* erscheinen zu lassen. Ein anderes (vielleicht ist es auch dasselbe!) Waschmittel wird jetzt mit der Familie *Saubermann* propagiert. Vielleicht erinnern Sie sich: Die Völker, die auszumerzen die Nazis ausgezogen waren: Polen, Juden, Russen, wurden als *schmutzig* propagiert. Am besten war natürlich die Kombination: schmutzig und arm bzw. die Identifizierung der beiden Begriffe; das ging bei den Juden schlecht, weil man sie gleichzeitig als die Bankiers der Welt hinstellte. Wahrscheinlich war es für die Nazis tatsächlich eine Überraschung festzustellen, daß es in Polen und Rußland Millionen *armer* Juden gab. Da stimmte die ursprüngliche Rechnung: arm und schmutzig dann wieder. Natürlich ließen sich ganze Theologien, Soziologien und Philosophien über dieses »schmutzig und arm« entwickeln, das ist nicht meine Sache, mich interessiert jetzt nur das durch ein Waschmittel zu beruhigende Gewissen der netten Durchschnittsfrau, und es fällt mir nicht schwer, mir Herrn Saubermann in irgendeinem Säuberungskommando vorzustellen.

* 1966 unter dem Titel »Brief an einen jungen Nichtkatholiken« veröffentlicht (aus Essayistische Schriften und Reden 2. 1964–1972. Kiepenheuer & Witsch, Köln 1979).

Wahrscheinlich würde eine konfessionell »aufgegliederte« Statistik beweisen, daß die Katholiken immer noch weniger Waschmittel verbrauchen als die Protestanten, und diese Wahrscheinlichkeit – nicht die Konzilsergebnisse, auf die ich noch zu sprechen kommen werde – ist einer der Gründe dafür, daß ich weiterhin katholische Kirchensteuer zahle und katholisch sterben möchte. Körperliche Sauberkeit ist in extremen Lebenslagen: Armut, Gefangenschaft, enge Wohnverhältnisse, ein Luxus, der Wunder bewirkt, sie ist etwas Religiöses. Ich habe während des Krieges und im Gefangenenlager begriffen, daß Waschungen ein religiöses Element enthalten können, und ich bedaure es immer wieder, daß die Priester mit so sauberen Händen Gottesdienst beginnen und die Handwaschung zu einem leeren Ritus erstarrt. Deren Hände sind immer so sauber, daß einem das zum Waschen gereichte Wasser schmutzig vorkommt. So verstehe ich auch das Gewissen der netten Durchschnittsfrau und die Familie Saubermann religiös: Man kommt sich schmutzig vor, wenn man sie sieht, das heißt: katholisch, russisch, jüdisch, polnisch, wie ein Neger. Die Politiker reden immer so gern davon, bilden sich fast schon etwas darauf ein, daß ihr »Geschäft schmutzig« sei; sie haben diese Feststellung immer bereit, wenn ihnen einer »moralisch« kommen will, und doch ist diese Ausrede nur die billigste Form der Koketterie. Schließlich sind alle Geschäfte dieser Welt schmutzig: der Kohlen- und Nachrichtenhandel, die Literatur und das Fernsehen; da dürften sich die Politiker nicht mehr allzuviel auf ihren Schmutz einbilden und nicht so oft und so lange weinerlich daherreden, wie sie sich opfern, indem sie sich notwendigerweise »schmutzig machen«. Eine solche Sentimentalität dürfte man höchstens einer Prostituierten zubilligen. Ich glaube, auch mit der »Macht« (»Ich habe eben ein Verhältnis zur Macht« ist die übliche Formulierung) ist es nicht so weit her. Der literarische Haus-Esel einer deutschen Wochenzeitung übt weitaus mehr Macht aus als der Durchschnittspolitiker, und der Haus-Esel übt sie grinsend und im Vollgefühl derselben aus, er gleicht den Politikern nur in einem Punkt: Er wird weinerlich und sentimental, er wird »privat«, wenn ihm einer mal auf die Finger schaut oder gar klopft. Mein Gott, das ist vielleicht ein sauberes Geschäft! Als ob's ein Kunststück wäre, über Deutsche Macht auszuüben: Wo sie Macht spüren, kann man ihrer Anbetung sicher sein, und manches große Verlegerherz lacht

erleichtert, wenn der Haus-Esel Gnade walten läßt. Schweigen wir von den Bankiers, denen das »Macht-und-Schutz-Getue« der Politiker ziemlich lächerlich vorkommen muß.

Dieselben Politiker, die sich kokett auf ihr schmutziges Geschäft berufen und, sich aufopfernd, Tag und Nacht in Bonn die Hände schmutzig machen, gleichen auf eine verblüffende Weise dem Herrn Saubermann, und ihre Frauen verblüffend der netten kleinen Durchschnittsfrau, die neben sich ihr Gewissen stehen hat. Besonders auffällig gleichen Herrn Saubermann die beiden »kanzlerverdächtigen« jungen Herren der beiden großen Parteien. Die Zukunft ist von den Werbefachleuten schon vorweggenommen: Wehe den Schmutzigen! Dreifach wehe ihnen, wenn sie nicht in die Modeklischees Beatnik oder Gammler passen, sondern *einfach nur schmutzig* sind!

Herr Saubermann und seine nette kleine Durchschnittsfrau sind das letzte, allerletzte Signal, einer gewissenlosen Gesellschaft keinen Einblick ins Gewissen mehr zu geben. Ihr Bericht über die Erfahrungen eines Wehrdienstverweigerers aus Gewissensgründen knüpft für mich unmittelbar an das alarmierte Gewissen der netten kleinen Durchschnittsfrau an, und diese beiden schaffen eine unheimliche Verbindung zur Politik, denn es sind doch dieselben Politiker, die sich kokett auf ihr schmutziges Geschäft berufen, die jene Kommissionen erfunden haben, vor denen ein Zwanzigjähriger die Sauberkeit seines Gewissens als Wehrdienstverweigerer beweisen muß, und die Argumentation der Kommissionsmitglieder ist *politisch*, also – nach ihrer, nicht nach meiner Theorie – schmutzig. Es ist wirklich absurd, es ist unbegreiflich, daß sich geistliche Herren dazu hergeben, solchen Kommissionen auch noch kirchlichen Hintergrund zu geben, diesen Kommissionen einer gewissenlosen Gesellschaft, deren eigentliches Gewissen auf dem Bildschirm als Medium der Waschmittelreklame neben einer netten kleinen Frau steht. Ich wundere mich nicht darüber, daß Politiker mit allen Mitteln versuchen, die Wehrdienstverweigerung zu einer schwierigen Prozedur zu machen; daß sie ihr schmutziges Geschäft wahrnehmen. Sie wollten ein bestimmtes Ziel: die Wiederaufrüstung der Bundesrepublik *gegen* den Willen der damals friedfertigen Deutschen; sie haben mit Terror, mit Geld, Propagandamitteln, durch eine fast komplette Gleichschaltung der Opposition, der Zeitungen, durch systematische Denunzierung aller Gegner der Wiederaufrüstung ihr Ziel

(vorläufig!) erreicht. Gut. So macht man wohl Politik. Worüber ich mich wundere: daß alle (in Worten und Ziffern: alle) Frauenverbände offenbar rascher gleichgeschaltet waren als im Jahre 1933. Ach, diese netten kleinen Frauen! Ihr Gewissen steht inzwischen auf dem Bildschirm neben ihnen. Eine besonders üble, finstere Rolle müssen bei der Gleichschaltung die katholischen Frauenverbände gespielt haben: Man hat nichts von ihnen gehört. Wahrscheinlich war deren Gewissen am leichtesten zu manipulieren. Das ging alles so hurtig und lautlos, hurtiger, lautloser als im Jahr 1933. Und natürlich: sauberer. Sauber – da fällt mir jetzt ein – war eins der Modewörter der katholischen Jugendbewegung zwischen 1918 und 1933. Guten Tag und fröhliche Urständ, Herr Saubermann, Politik ist ein schmutziges Geschäft!
Die Bewältigung der katholischen Vergangenheit, von Hochhuth in seiner Unschuld ausgelöst, geht um den ganzen Erdkreis, aber sie wird möglicherweise einmal harmlos erscheinen, verglichen mit der notwendigen Bewältigung des schnöden Verrats, der von Katholiken an Katholiken zwischen 1953 und 1965 in diesem Land verübt worden ist. Es gibt Anzeichen dafür, daß man diese Vergangenheit gern bewältigen möchte, solange sie noch Gegenwart ist. Es gibt Einsichten, schwache, zahme, matte Einsichten (verflucht, was sind die Deutschen für ein braves, gehorsames Volk!). Ein so instinkthafter Politiker wie Strauß beginnt gelegentlich schon, sich »antiklerikal« zu geben, und er verhält sich politisch richtig; wenn die katholische Kirche wirklich wieder religiös würde, müßte sie in der CDU, diese in ihr den Todfeind erkennen.
Ach, ihr braven, sauberen, katholischen Frauen: Wohin habt ihr euch führen lassen! Was übrigbleibt, ist Herrn Saubermanns dummes, dreistes Gesicht. Die Katholiken als die einzige große statistische Masse hätten eine Chance gehabt, dieses Volk friedfertig zu erhalten. Die Chance ist verspielt: was übrigbleibt, ist das strahlende, heitere, reine, nicht ganz uneitle Gesicht des katholischen Wehrbischofs, der in einem Sturmboot der Bundeswehr einen deutschen Fluß überquert. Guten Tag und fröhliche Urständ, Herr Saubermann! Wir wollen uns nichts vormachen, uns keiner Täuschung hingeben: Auch der jeweilige »kritische« Intellektuelle vom Dienst, ob links oder rechts, hat eine verfluchte Ähnlichkeit mit dem Mann der netten kleinen Frau, die gern weiße Wäsche hat, aber die Literatur

»schmutzig« mag. Ich wundere mich nicht über einen Bischof mit verheerender propagandistischer Wirkung, aber ich wundere mich, wundere mich gewaltig über den Herrn Walter Dirks, der das Gewissen ja fast erfunden hat und in der Broschüre *Wie hast Du's mit der Bundeswehr?* eine lahme, zahme, hanebüchen banale, nichtssagende kleine moralische Aufrüstung für Wehrpflichtige bietet, auf einem Niveau, das seinen sonstigen publizistischen Fähigkeiten widerspricht. Die Wiederaufrüstung ist aus *politischen* Gründen, und sie ist mit ausdrücklicher Zustimmung der *Frankfurter Hefte* beschlossen worden. Wie kommt diese gewissenhafte Bande dazu, das *Gewissen* eines Zwanzigjährigen durchleuchten zu wollen? Waren etwa Gewissensgründe entscheidend, als die Herren Adenauer und Strauß *gegen* den Willen der damals friedfertigen Deutschen, *mit* ausdrücklicher, tatkräftiger Unterstützung aller katholischen Verbände und des katholischen Klerus die Wiederaufrüstung durchsetzten? Es waren politische Gründe. Politische Gründe können wegfallen oder sich ändern. Was würde eigentlich aus den zahlreichen, gutkatholischen, gleichgeschalteten Gewissen, wenn plötzlich in Bonn – oder, was wahrscheinlicher ist, anderswo – beschlossen würde, die Bundeswehr zu reduzieren oder gar abzuschaffen? Da muß doch wieder etwas in ihnen »zusammenbrechen«. Oder wie wäre es, wenn man eine Gewissensprüfung für diejenigen einführte, die unbedingt zur Bundeswehr wollen?
Bei der Lektüre Ihres Berichts, die nette kleine Frau, Herrn Saubermann, den Wehrbischof, die Gesichter der Politiker vor meinen Augen, den Dirksschen Text in der zitierten Broschüre im Ohr, den Geruch der kostbaren amerikanischen Seife in der Nase, mit der ich im Gefangenenlager täglich meine rituellen Waschungen vornahm (die Seife war tatsächlich ein Element der Befreiung, wie das DDT eins war, dem sich jung und alt, hoch und niedrig, reich und arm zu beugen hatte, auf daß die Deutschen von den Läusen befreit würden!), kommt mir der Gedanke, daß Ihre Generation noch schändlicher verraten worden ist als unsere, schändlicher, weil ohne Not und ohne Notwendigkeit, und ich verstehe es immer besser, daß es Ihrer Generation immer schwerer fällt, fast körperliche Übelkeit verursacht, wenn sie das Wort »christlich« zu hören bekommt. Es müßte schon ein Konzilium deutscher katholischer und evangelischer Theologen zustande kommen, das der CDU-CSU das

Recht absprechen würde, das Adjektiv »christlich« weiterhin zu Tode zu schinden. Das würde natürlich zum offenen Krach zwischen diesem Konzil und der Fuldaer Bischofskonferenz führen, erst dann bestünde Hoffnung, daß sich die heftige Umarmung, dieser Adenauersche Verwaltigungsclinch, in den die CDU-CSU die katholische Kirche in Deutschland genommen hat, lösen ließe, aber das sind Träume; und selbst wenn sie *jetzt* noch wahr würden: es ist zu spät. Im Grunde braucht die CDU-CSU die Kirche ja gar nicht mehr, was sollen die armen Leute denn schon wählen, meinetwegen SPD; es würde nicht einmal viel nützen, wenn im nächsten Wahlhirtenbrief offen zugegeben würde (was nie hätte bestritten werden können): daß Katholiken auch SPD wählen dürfen. Was wäre damit gewonnen? Wahrscheinlich die große Koalition: bitte. Saubermann I und Herr Saubermann II. Dann können Sie ja jeden Abend auf dem Bildschirm Ihr Gewissen konsultieren: Es wird Ihnen klarmachen, daß Ihr Auto auf eine unmodische Weise alt, Ihre Krawatte unmöglich ist, Ihr Gewissen es Ihnen nicht erlaubt, wenn Ihre Frau sich bei irgendwelchen Hausarbeiten ihre schönen Hände verdirbt. Natürlich wird es immer Toren geben, aber wer darf den Toren spielen? Das wird von Herrn Saubermann bestimmt. Die Torheit, den Wehrdienst zu verweigern, ist nicht zugelassen: da müssen Sie schon Ihr Gewissen herzeigen! Sie haben ja versucht, den Toren zu spielen: mit einer Blume im Gewehrlauf zu erscheinen! Solche Torheiten aber sind nur Herrn Chaplin erlaubt, und auch dem nur im Film. Die Torheit ist eine Kunst, und Kunst ist erlaubt. Sie endeten mit Ihrer Torheit, auf Grund der Manipulationen eines katholischen, also gewissenhaften Standortarztes, im Irrenhaus, aus dem Sie die gewissenhafte Bundeswehr nur entließ, weil Sie anfingen, sich Publicity zu verschaffen. Wehe dem, der keine Publicity hat: Er endet in Frau Saubermanns schmutziger Wäsche.

Sollte die Vernunft – Abschaffung der Wehrpflicht! – siegen, dann werden die Katholiken daran den geringsten Anteil haben. Im Gegenteil: Sie werden es sein, die sich am heftigsten dagegen wehren. Es war ja kein Katholik, weder ein »linker« noch ein »linksfortschrittlicher«, und es war noch weniger ein Sozialdemokrat, der den vernünftigen Vorschlag machte, die Bundeswehr zu reduzieren. Es war der konservative Admiral Heye, der seinerzeit durch den Katholiken Dr. Jaeger auf wahrhaft *christliche*, das heißt: politische, was bedeutet: schmutzige

Weise »abgeschossen« worden ist. Vielleicht gibt es bei den alten Militärs noch Reste jenes Wirklichkeitssinns, der sie ahnen läßt, daß die Bundeswehr zwar real, aber unwirklich, also unheimlich ist: in ihrer gesellschaftlichen Bodenlosigkeit, in ihrer hysterischen Verletzlichkeit. Es war ja wirklich mitleiderregend, die Untertöne einer weinerlichen Gekränktheit in der Rede des Herrn von Hassel während der Starfighter-Debatte zu hören; hat er denn wirklich erwartet, daß eine halbwegs aufmerksame Öffentlichkeit das alles so hinnimmt? Weiß er denn nicht, daß Politik wirklich ein schmutziges Geschäft ist, so schmutzig wie die Literatur und das Fernsehen, der Kohlen- und der Nachrichtenhandel, und daß in allen Geschäften dieser schmutzigen Erde nur eins zählt: der Erfolg? Ich beneide Herrn von Hassel nicht: Es steht ihm noch Schnödes bevor, und es kann ihn nicht sehr getröstet haben, von seiner gesamten Fraktion weißer als das weißeste Weiß gewaschen worden zu sein, auf eine besonders peinliche, fast untertänige Weise von dem Katholiken Rommerskirchen, der doch wahrscheinlich als Vertreter der deutschen katholischen Jugend im Bundestag sitzt und, in Anwesenheit der Witwen der abgestürzten jungen Flieger, indem er nicht dagegen protestierte, die »Verschleißquote« X beim Ausprobieren eines neuen Flugzeugtyps billigt. Oh, heiliger Herr Saubermann, wo darf ich Ihnen mein Gewissen zeigen! (Da fällt mir ein: Ich habe ja auch Kinder, die jung, deutsch und – jedenfalls zu einem Teil – katholisch sind; ob Herr Rommerskirchen deren Interessen auch vertritt?) Es ist schändlich, schändlich, schändlich. Und keiner in diesem Parlament tanzt aus der »christlichen Reihe«. Die katholische Jugendbewegung hat den Katholiken ja auch nicht viel mehr Befreiung gebracht als die von der Krawatte, und auch die nur vorübergehend. Was von ihrer Freiheit übriggeblieben ist, hat sich inzwischen gezeigt: ein paar modische sexuelle Freiheiten à la Trotzkopf und Trotzköpfchen, ein bißchen »Scheiße«- und »Arschloch«-Sagen, also keine sehr erheblichen Freiheiten. Angesichts dieser Bewußtseinslage, dieser durch die absolute Gleichschaltung in der Wiederaufrüstungsfrage endgültig gemachten Gehorsamsdisposition, angesichts dieser mit Verrat gesättigten Scheinheiligkeit des politischen deutschen Katholizismus erscheint mir der ungeheure Ruf der Fortschrittlichkeit, den er in der übrigen Welt genießt, als ziemlich fragwürdig. Wenn das nur gutgeht! Schließlich hat auch Hochstapelei ihre

Grenzen. Es geht hier nicht darum, so großartigen Theologen wie Rahner, Ratzinger und Küng ihre Glaubwürdigkeit abzusprechen, nur ist der Boden, auf dem diese Theologie Wurzel fassen könnte, nicht allein dünn, er ist in Deutschland mit dem schlechtesten Dünger, mit *politischem* Gehorsam, gedüngt. Was nützen innerkirchliche Freiheiten, wenn die Katholiken weiterhin politisch so brav bleiben? So könnte Rom eine willkommene Ablenkung von Bonn sein: in Bonn, und nirgendwo anders, wird sich entscheiden, ob die deutschen Katholiken wirklich frei zu sein vermögen. Für einen Schriftsteller sind die (innerkirchlich gesehen: höchst erfreulichen) Konzilsergebnisse ohnehin nicht nur nicht so sensationell, sondern fast unwichtig. Zu schreiben ist wahrscheinlich (wie zu malen, zu komponieren, zu tanzen usw.) eine der wenigen wirklichen Erscheinungsformen der Freiheit und der Befreiung. Jeder Schriftsteller und Künstler muß illegal irgendwelche Grenzen überschreiten: Er merkt das schon früh genug, wenn auf ihn »geschossen« wird. Vielleicht werden auch die Katholiken wieder einmal begreifen, daß Kunst und Freiheit ein und dasselbe sind, daß sie *in sich* geordnete, geformte Freiheit sind, daß Form nicht »leer«, sondern Geist ist. Ein Autor nimmt sich die Freiheit einfach, und er versucht – indem er sie ordnet und formt – möglichst viel von ihr zu teilen, was bedeutet: mitzuteilen. Jeder ist aufgefordert, an dieser Freiheit teilzunehmen, sich sein Teil davon zu nehmen. Das weißeste Weiß der netten kleinen Durchschnittsfrau und ihres Mannes, des Herrn Saubermann, ist das vollendete Nichts, das sich nicht mehr ordnen läßt. Es ist kein Zufall, daß die Ausübung jeder, jeder Kunst schmutzig macht. Der Autor – gewöhnlich eine ziemlich hochmütige Person – weiß auch längst, bevor sie geändert werden, daß kirchliche Vorschriften völlig nebensächlich sind. Etwa die barbarische Vorschrift des Nüchternheitsgebots vor der Kommunion, auf der ganze puristische Theologien aufgebaut worden waren und die nun mit einem schnöden Federstrich aufgehoben wurde. Ein Autor weiß auch, daß die unbegründete Aufhebung so schnöde ist wie die jahrzehnte-, fast jahrhundertelange Praktizierung, und er muß beides sein: rasch und schwerfällig, wohlwollend und bösartig. Rasch, indem er allen freiheitsdurstigen Katholiken nahelegt, sich allen Kirchengeboten gegenüber nicht mit gegenwärtiger, genehmigter Freiheit, sondern mit *zukünftiger*, noch nicht genehmigter Freiheit zu verhalten: genau

so, wie sich der katholische Adel jahrhundertelang verhalten hat: da wurden Mischehen, Mätressen, Konversionen hin, Konversionen her, alles mögliche wurde stillschweigend geduldet. Die feudalistische Sitte, bei Königs- oder Fürstenhochzeiten einen hohen Kleriker, möglichst einen Kardinal, die Trauung vornehmen zu lassen, ist ein peinlicher Rest: Man sollte gerade denen einen stotternden, etwas schmuddeligen kleinen Kaplan schicken. Was soll dieses erbärmliche Illustrierten-Getue? Rasch muß ein Autor sein, indem er das alles schon wegwischt, schwerfällig, indem er die fixe und flotte Anpassung verdächtig findet und angesichts der Liturgiereform Rosenkranz und Maiandacht zu mögen beginnt. Wenn die Scharfschützen, die so auf ihn geschossen haben, als er – noch illegal – die Grenze überschritt, so *rasch* fortschrittlich und frei werden, muß er in seiner Bösartigkeit zurück-zurück-zurückschreiten und an seine Großmutter denken, die unter objektiv nichtigen Geboten subjektiv echte Höllenqualen erduldet hat, wie etwa unter dem Nüchternheitsgebot vor der Kommunion. Bösartig, wie er sein muß, soll er immer und immer wieder auf seine Großmutter kommen, die ihm als bitter und bigott geschildert worden ist. Die flinken Fortschrittler schreiten ihm zu rasch über die Leichen ihrer Mütter und Großmütter hinweg. Freiheit hat *in sich* genug, sonst ist er kein Schriftsteller. Die Konzilseuphorie, dieses große Aufatmen, lenkt von Bonn ab: Dort sitzt der politische Katholizismus, und er rückt kein Quentchen Freiheit heraus, wenn die Katholiken es sich nicht einfach nehmen.

Die peinlichste Figur in Ihrem Bericht, lieber Herr Wallraff, ist denn auch der katholische Pfarrer, dessen Vokabularium und Gebaren Sie beschreiben. Alle Konzilsfreiheiten nützen den deutschen Katholiken wenig, wenn der Herr Wehrbischof (welch ein unmögliches Amt!) sich solche peinlichen Figuren nicht ersparen kann! Das Problem wird dadurch erschwert, daß der deutsche katholische Klerus durch seine Erziehung, seine Auswahl, seinen extrem bourgeoisen Bildungs-, Erziehungs- und Behandlungsgang in eine Exklusivität gedrängt wird, in der ihm der Militärdienst als eine Möglichkeit der »Berührung mit dem Volk« ideal erscheinen mag. Vielleicht wäre es ganz gut, wenn die Theologen wirklich zum Militär müßten, aber – und das ist das Paradoxeste und Peinlichste! – gerade sie sind ja davon befreit! Sie haben also gar keine Möglichkeit, den Betrieb wirk-

lich von innen kennenzulernen, denn was bei »Besichtigungen« – nicht nur von Kasernen, auch von Fabriken und Betrieben – gespielt wird, ist ja der pure Schwindel. Die Theologen bleiben also »unberührt«, rein, sauber: frisch aus der Wäschetrommel der netten kleinen Frau! In anderen europäischen Ländern ist das anders, ist auch die Einstellung des Klerus zum Wehrdienst anders: Man macht aus der Frage, ob man ihn ableisten soll oder nicht, keine Gewissens-Turnübung à la Walter Dirks; man weiß, daß der Militärdienst ein nicht einmal notwendiges, also möglichst zu umgehendes Übel ist. Keine Europa-, keine NATO-, keine Abendlandideologie. Man nimmt den Militärdienst hin wie die Steuer (die man eben möglichst nicht hinnimmt), und gewiß kann ein junger Franzose oder Italiener nicht nur mit der Unterstützung, sogar mit der Bestärkung des Klerus rechnen, wenn er einen Weg sucht, sich die Sinnlosigkeit zu ersparen. In Deutschland ist das leider anders, und das macht das Problem noch schwieriger, weil selbst ansonsten einsichtige Kleriker unter diesen bourgeoisen Saubermann-Bedrückungen leiden, sich wohl ganz gern einmal schmutzig machen möchten, und so messen sie dem Militärdienst immer noch eine »erzieherische« Bedeutung zu, die er nie gehabt hat. Auch die Tatsache, daß sie ihr Gehalt für eine saubere Tätigkeit beziehen, es nicht eigentlich »verdienen«, was bedeutet: sich nicht schmutzig machen müssen, drängt sie noch tiefer in ihre bourgeoise Isoliertheit. Vielleicht wäre es möglich, daß junge Theologen eine Art geheimen Orden gründen, dessen Mitglieder als Ersatzleute für wehrunlustige Laien zum Militär gehen: auf diese Weise kämen sie aus der Expreß-Reinigungs-Isolation heraus und würden ein Werk der Nächstenliebe tun; beides unmöglich, sowohl der Episkopat wie das Verteidigungsministerium würden das verhindern. Man sieht also, wieviel wirkliche Freiheit so ein junger Mensch hat, der Priester werden möchte. In den Ostblockstaaten nennt man die Priester, die zur Kollaboration mit dem System neigen, »fortschrittliche« Priester, vielleicht sollten wir Priester wie den, den Sie schildern, CDU-Priester nennen; fortschrittlich, angepaßt ist der von Ihnen geschilderte ja außerdem: Er hat sein Vokabularium mit etwas abständigen Landserausdrücken angereichert, weiß sogar, wie die »Hormone zwitschern«, hat ein primitives politisches Idiotenvokabular, und ich kann nur hoffen, daß dieser Zwitscherer seinem Wehrbischof rechte Freude macht! Nennt man so etwas

nicht einen »ganzen Mann«? Hoffen wir, daß seine Hormone nicht zwitschern. Oh, diese nichtige »Modernität«, diese miese Anbiederei.
Es liegt eine gewisse Logik darin, lieber Herr Wallraff, daß Ihr Versuch, den Toren zu spielen, im Irrenhaus endete. Diese Gesellschaft, die doch so mächtig ist, kann Torheit nur als Kunst, nicht als Lebenshaltung dulden, und es gibt offenbar keinen in dieser schamlos von ihrer Macht besessenen »Christenpartei«, der sich unbeliebt, was heißen würde: schmutzig und lächerlich zu machen bereit ist und dieser schändlichen Komödie, der die Wehrdienstverweigerer ausgesetzt werden, ein Ende machen möchte. Würde es nicht genügen, den harten Ersatzdienst zu verordnen, der schwer genug ist, verglichen mit dem leichten Militärdienst, der nach der Grundausbildung nur noch in einer organisierten Faulheit besteht? Wäre der Ersatzdienst ohne diese Gewissensfummelei nicht abschreckend genug? Und wird nicht auch der überflüssig, wenn sich herumgesprochen hat, wie leicht in der Bundeswehr Geld zu verdienen ist? Ihnen verdanke ich die Eruierung der Tatsache, daß ein junger Hauptmann, der mit 32 Jahren entlassen wird, eine Abfindung von rund 80000 DM erhält. Das ist ein hübsches mittleres Vermögen, zusätzlich zu dem möglicherweise Ersparten, zusätzlich zu den anderen Vergünstigungen, und ich wüßte keinen Beruf, aus dem ein junger Mensch mit einem solchen Batzen Geld auf der Bank mit 32 Jahren ausscheiden kann. Da komme noch einer und erforsche deren Gewissen, die einen solchen Job ablehnen. Es ist ein gutbezahlter, nicht sonderlich anstrengender und keineswegs diffamierender Beruf, jedenfalls nicht diffamierender als der Beruf des »Linkskatholiken«.
Wie ich aus »zuverlässiger Quelle« erfahren habe, soll es inzwischen in der Bundeswehr schon einen katholischen Moralterror geben, der sich ungefähr so äußert: Ein Offizier etwa, dessen Ehe geschieden wird, hat nicht nur wenig Aussicht auf Beförderung, er ist fast gezwungen, den Abschied zu nehmen. Das legt den Gedanken nahe, das Verteidigungsministerium und alle entscheidenden Pöstchen darin nach der nächsten Starfighter-Debatte ganz in die Hände des Bundes »Neudeutschland« zu legen. Saubere Führung, saubere Moral – und dann die »saubere« Bombe in diese sauberen Hände. Vielleicht könnte man dann in einer neu zu bedenkenden Liturgieform die Handwaschung während der Heiligen Messe wenigstens für Deutsche

abschaffen. Wozu soll man solch saubere Hände mit schmutzigem Wasser in Berührung bringen? Auch die Beichtstühle müssen dann weg – dafür gibt's ja Irrenhäuser, Sanatorien, Kliniken, wo Seele und Leib das weißeste Weiß garantiert wird. Schließlich sind die Irrenhäuser, Sanatorien und Kliniken ja auch nicht viel mehr als Waschanstalten, und wehe dem, bei dem die Flecken nicht herauswollen, jene Flecken, die die wichtigsten Krankheitserreger, Liebe und Religion, hinterlassen haben. Das Endziel ist dann, sobald der Bund »Neudeutschland« das Bundeswehrministerium übernommen hat, nahe: eine saubere, katholische, auch zum schmutzigen Krieg bereite Armee.

Elmar Schmähling*

Aktueller Nachtrag

Der neurotische Riese Bundeswehr ist nervös geworden, gefährlich nervös.
Anders lassen sich die drastischen Urteile der Bundeswehrjustiz in 1991, dem Jahr 1 nach dem Ende des kalten Krieges, nicht erklären. Ein Wehrdienstsenat und mehrere Truppendienstgerichte haben mit ihren Sprüchen über das Recht von Soldaten auf freie Meinungsäußerung das Konzept des »Staatsbürgers in Uniform« als Lebenslüge der Bundeswehr entlarvt. Soldaten, die sich seit 1983 in einem Arbeitskreis »DARMSTÄDTER SIGNAL« zusammengefunden hatten, um kritische Problemfelder ihres Berufs öffentlich zu thematisieren, sollen mit drastischen Strafen – bis zur Degradierung um zwei Dienstgrade – endgültig mundtot gemacht werden. Anderen zur Warnung. Die Gerichte haben unter Beifall von Regierung und Generalität ein für allemal klargestellt, daß das Grundrecht nach Artikel 5 GG für den »mündigen Bürger«, während er Soldat ist, nur gilt, wenn er die »richtige« Meinung vertritt.
Alles, was Günter Wallraff und Hunderttausende Soldaten in der Bundeswehr erlebt und erlitten haben, ist letztlich Ausfluß der militär-systemimmanenten Sublimation von Gewalt. Die »innere Führung« und der »Staatsbürger in Uniform« waren von vornherein nur als freundliche Aushängeschilder einer Armee in der Demokratie gedacht. »Befehl und Gehorsam«, immer wieder als für Streitkräfte einziges und daher unabdingbares Prinzip behauptet, ist und bleibt das verinnerlichte Lebensprinzip des Berufssoldatentums.
So sind die Streitkräfte ein feudales Reservat in einer Gesellschaft geblieben, die sich zwar pluralistisch und demokratisch nennt, der aber der Militarismus noch in den Knochen steckt.

* Flottillenadmiral a. D. Elmar Schmähling, geboren 1937, war 32 Jahre Berufssoldat, davon in den letzten 8 Jahren als Chef des Militärischen Abschirmdienstes und des Amtes für Studien und Übungen der Bundeswehr, als er im Januar 1990 wegen Kritik an der Sicherheits- und Verteidigungspolitik von Nato und BRD in den einstweiligen Ruhestand versetzt wurde. Seitdem arbeitet er als freier sicherheitspolitischer Analytiker und Publizist in Köln.

Deshalb werden bis heute die zutiefst undemokratischen Strukturen und Abläufe nicht hinterfragt, und deshalb werden die jungen Bürger als Wehrdienstleistende von der Gesellschaft allein gelassen.
Was auch die Bundeswehr tut, ob Tiefflugterror, Waffenschieberei oder Entwerfen aggressiver Interventionsstrategien, alles geht durch, ohne Protest oder gar Empörung der Bevölkerung.

»Den Wandel gestalten« war das Motto, mit dem General Klaus Naumann im Oktober 1991 die Nachfolge des erzkonservativen Admirals Dieter Wellershoff im Amt des Generalinspekteurs der Bundeswehr antrat. Für viele, die einen moderaten, im zivilen Plauderton selbst mit Leuten der Friedensbewegung diskutierenden Naumann in Erinnerung hatten, klang dieser Wahlspruch nicht übel. Erhofften sie doch, die neue Bw-Führung würde das Ende der Ost-West-Konfrontation und den Wegfall jeglicher militärischen Bedrohung der Nato-Staaten nutzen, um den Abbau der während des kalten Kriegs aufgetürmten Rüstungsberge zu unterstützen, die Bewohner des Heerlagers Westeuropa von den Militärlasten zu befreien und die heiß ersehnte Friedensdividende möglich zu machen.
Am 29. Januar 1992 hat Naumann in einer programmatischen Rede vor geladenen Gästen in Berlin über die Herausforderungen der deutschen Militärpolitik und die Zukunft der Bundeswehr seine Vorstellungen des »Wandels« dargelegt – schneller, allerdings auch anders als erwartet. In Kurzform: Unter Naumann soll sich die Bundeswehr von einer Bündnis-Verteidigungsarmee zur globalen Interventionstruppe wandeln. Dies ist auch die Botschaft des Anfang Februar 92 an die Öffentlichkeit gelangten Bundeswehr-Dokuments »Militärpolitische und militärstrategische Grundlagen und konzeptionelle Grundrichtung der Neugestaltung der Bundeswehr«.
Zwar trug der damalige Verteidigungsminister Stoltenberg die volle politische Verantwortung für dessen Inhalt. Doch lohnte sich nicht, ihn dazu zu befragen, da er gewöhnlich – wie bei der Verschiebung von NVA-Waffen – über maßgebliche Vorgänge in seinem Geschäftsbereich nicht informiert war (oder absichtlich nicht informiert wurde, damit er die politische »Unschuld« spielen konnte?).
Die im Naumann-Vortrag und »Naumann-Papier« enthalte-

nen sicherheitspolitischen Analysen, die Risikoeinschätzung und die daraus indirekt abgeleiteten staatsstreichartigen militärpolitischen Folgerungen, mit denen der Generalinspekteur und seine forschen Militärdenker den »Wandel« nun herbeizwingen wollen, sind indes unklar, fadenscheinig, irreleitend, widersprüchlich und unredlich. In seinem Vortrag stellte Naumann fest, daß mit dem Ende der Teilung auch das beharrliche Nischendasein westdeutscher Sicherheitspolitik ein Ende habe, in dem die Deutschen gut beraten waren, im Geleitzug des Nato-Bündnisses ein verläßlicher Partner zu sein.

Da stellt sich doch die Frage, was eigentlich seine Schlußfolgerung aus dieser Feststellung ist.

Sollen die Deutschen nun den Geleitzug verlassen? Sollen sie sich an dessen Spitze setzen? Oder sollen sie zwar im Geleitzug bleiben, aber die Verläßlichkeit als Partner ablegen?

Naumann fordert, der Auftrag der Bundeswehr müsse sich an den Regierungszielen »der Verwirklichung der Menschenrechte, dem Aufbau rechtsstaatlicher Demokratien und dem Ausgleich der wirtschaftlichen und sozialen Entwicklung in einer geschützten Umwelt« und an den Interessen Deutschlands orientieren, nicht an Bedrohungen oder Risiken. Gefahren und Risiken begründeten nicht die Existenz der Bundeswehr, sondern nur, wie diese Bundeswehr zu gestalten sei.

Wenn die verfassungsmäßige Existenzgrundlage der deutschen Streitkräfte (Art. 87a GG: »Der Bund stellt Streitkräfte zur Verteidigung auf«) überholt ist, weil die äußere Sicherheit unseres Landes nicht mehr von militärischen Gefahren und Risiken bedroht wird, was ist dann deren Grundlage?

Unter der Überschrift »Risiken für Europa« bezeichnete General Naumann es als »sicherheitspolitische Langzeitaufgabe von globaler Dimension«, jetzt die Gemeinschaft unabhängiger Staaten (GUS), vor allem aber Rußland in eine Sicherheitsarchitektur in Europa einzubinden, die eine Rückkehr zur Konfrontation ausschließt. Dies sei nur im engen Schulterschluß mit den USA und nur gestützt auf die Fähigkeit zu bewältigen, die im Osten existierende Militärmacht jederzeit durch die Verteidigungsfähigkeit unseres Bündnisses ausbalancieren zu können. Diesen Prozeß könne nur die Nato schaffen. Was will Naumann, die GUS »einbinden« oder »ausbalancieren«? Beides gleichzeitig geht nicht. Als Gefangener der längst überholten Logik vom letzten Nato-Gipfel in Rom (im November 91 gab es

die Sowjetunion noch) merkt er offenbar gar nicht, wie er im Spagat zwischen den beiden unvereinbaren Positionen »politische Vernunft des Einbindens« und »Nato-Existenzangst des Ausbalancierens« seine Glaubwürdigkeit verspielt. Die Nato-Militärs verstricken sich in Widersprüche, weil sie keinen glaubhaften Auftrag mehr haben und deshalb so lange am Popanz »Sowjetbedrohung« glauben festhalten zu müssen, bis ein neues gesichertes, d. h. von den Gesellschaften der Nato-Staaten angenommenes Feindbild aufgebaut ist.

Nach Naumann reichen die Gefährdungen außerhalb Europas vom »Einwanderungsdruck verelendeter Massen bis hin zum Staatsterrorismus als Mittel politischer Pression«. Allein mit militärischen Machtmitteln sei dies nicht beherrschbar, aber ohne sie werde es wohl auch nicht möglich sein, dort (also außerhalb Europas) Frieden für Europa zu erhalten. Militärische Macht könne zur Konfliktverhinderung, -eindämmung oder -beseitigung eingesetzt werden. Solche Aufgaben sollten Streitkräfte immer nur im kollektiven Einsatz, vorzugsweise im Rahmen der UNO erfüllen.

Der Generalinspekteur bezieht keine Stellung, wo er eigentlich den Zusammenhang zwischen den genannten, durchaus realistischen Risiken und dem Auftrag der Bundeswehr sieht.

Mit welchen deutschen militärischen Machtmitteln, d. h. mit welchen Waffen und welchen Operationskonzepten soll denn die Bundeswehr gegen den »Einwanderungsdruck« oder »Staatsterrorismus« vorgehen? Sollen die »verelendeten Massen«, die gegen ihre (z. T. von uns unterstützten) Machthaber aufbegehren, fliehen, vertrieben werden oder aus Hunger und Verzweiflung das »europäische Paradies« erstürmen wollen, etwa an Ort und Stelle von Bundeswehrsoldaten liquidiert werden (»Konfliktbeseitigung«)? Sollen Staaten vorbeugend ausradiert werden, die sich außer der Rüstung, die wir ihnen bereitwillig verkaufen, dieselben Massenvernichtungswaffen anschaffen wollen, auf die wir in der Nato auch künftig zur »Erhaltung des nuklearen Schutzes« nicht verzichten (»Konfliktverhinderung«)?

Heißt die gewiß mit Bedacht gewählte Formulierung, »solche Aufgaben *sollten* im kollektiven Einsatz« ausgeführt werden, nicht, daß sie notfalls auch *von den Deutschen allein* erledigt werden können? Kollektiver Einsatz also nur als Zielvorstellung, keineswegs aber als zwingende Voraussetzung? Und

»vorzugsweise im Rahmen der UNO« bedeutet doch wohl eindeutig, daß bewaffnete Einsätze der Bundeswehr zur »Krisenbewältigung« außerhalb Europas auch ohne Auftrag der UNO möglich sein sollen?
Im »Naumann-Papier« heißt es unter »Auftrag der Bundeswehr«: »die Bundeswehr hat den Auftrag ...

> 6) nach klarstellender Ergänzung des Grundgesetzes an kollektiven Einsätzen über die Nato hinaus im Rahmen der CHARTA der Vereinten Nationen (Kapitel VII) teilzunehmen, soweit es deutsche Interessen und deutsche Mitverantwortung für die Wahrung von Frieden, Humanität und internationaler Sicherheit gebieten «.

Warum erklärt Klaus Naumann nicht offen, was die sogenannte »klarstellende Ergänzung« des Grundgesetzes, die wie eine kosmetische Lapalie schon einmal abgehakt wird, in Wirklichkeit bedeutet? Warum verheimlicht er, daß die verfassungsmäßige Voraussetzung für einen Einsatz der Bundeswehr im Auftrag der UNO – wie im Golfkrieg – zur Folge hat, daß nach Auffassung der Bundesregierung deutsche Soldaten unter deutschem Kommando auch allein außerhalb der Nato kämpfen dürfen?
Mit der Betonung »im Rahmen der CHARTA der Vereinten Nationen (Kapitel VII)« versucht das Militär auf plumpe Weise, die von ihnen gewollte Möglichkeit künftiger nationaler »out-of-area«-Einsätze hinter der sympathischen UNO zu verstecken. Mit der absichtlich so vage gehaltenen Auftragsformulierung für die Bundeswehr täuscht der Generalinspekteur die Öffentlichkeit. Gesagt wird »friedenschaffende« (»friedenstiftende«, »friedenerzwingende«) Missionen im Rahmen der UNO, gemeint wird aber deutsche Kampfeinsätze zur »Vorbeugung, Eindämmung und Beendigung von Konflikten jeglicher Art« und unter allen Bedingungen.
Die deutschen Interessen, zu deren militärischer Sicherung die Bundeswehr sich einen Auftrag zuzuschanzen versucht, wie z. B. »Aufrechterhaltung des freien Welthandels und Zugang zu strategischen Rohstoffen«, sind kein Fall für die Vereinten Nationen. Gemäß Kapitel VII dürfen sie nur gewaltfreie und gewaltsame »Maßnahmen bei Bedrohung oder Bruch des Friedens und bei Angriffshandlungen« beschließen. Deshalb und weil die Deutschen ihre Interessenwahrung auch in die eigenen Hände nehmen können wollen, dürfen »Kollektivität« des Vor-

gehens und Erlaubnis der UNO zum militärischen Zuschlagen nicht zwingende grundgesetzliche Voraussetzungen für den Interventionseinsatz der Bundeswehr sein. So schließt sich der Kreis zwischen dem harmlos lautenden »UNO-Auftrag« unter (6) und den aggressiven Zielsetzungen zur Wahrung angeblicher deutscher Sicherheitsinteressen.
Warum verschweigt Herr Naumann eigentlich gegenüber der Öffentlichkeit, daß jede Anwendung militärischer Zwangsmaßnahmen durch einzelne oder mehrere Staaten außerhalb eines von der UNO beschlossenen Militärkommandos und außerhalb einer ausdrücklichen Beauftragung völkerrechtswidrig wäre? Die Vereinten Nationen erlauben gem. Art. 51 der UN-Charta allein die individuelle oder kollektive Selbstverteidigung im Falle eines bewaffneten Angriffs. Oder wollen die Generäle, daß die BRD die wiederholten Völkerrechtsverletzungen unserer Freunde und ehemaligen Gegner beim Einsatz bewaffneter Macht zur Durchsetzung nationaler Interessen künftig imitiert? Ist das die gewünschte Normalität der Deutschen?
Die Pläne des Verteidigungsministeriums zur Ausweitung des Einsatzspektrums der Bundeswehr wäre ein tieferer Einschnitt in die deutsche Nachkriegsgeschichte als die Entscheidung zur Wiederbewaffnung Mitte der 50er Jahre.
Damals wurden die neuen deutschen Streitkräfte fest in ein Bündnis eingebunden (zur Beruhigung der ehemaligen Kriegsgegner und Opfer des deutschen Militarismus) und mit Art. 87a GG gesetzlich auf Verteidigung beschränkt. Mit der jetzt angestrebten Verfassungsänderung würde deutsches Militär wieder auf der Weltbühne einer traditionellen, d. h. auf militärische Gewalt abgestützten Machtpolitik auftauchen.
Die Bundesrepublik müsse aufgrund ihrer gewachsenen internationalen Verantwortung endlich ihre Verpflichtungen gegenüber der Völkergemeinschaft vollständig erfüllen. Dazu gehöre schließlich auch eine deutsche Beteiligung an Militäreinsätzen, die vom Sicherheitsrat der VN beschlossen werden.
In Wahrheit geht es aber um etwas ganz anderes. »Im aufrechten Gang« sollen sich die Deutschen üben, fordert der frühere CDU-Generalsekretär und Nachfolger von Stoltenberg im Amt des Verteidigungsministers, Volker Rühe. Und die CSU hat mit ihrer »Knobelbecher-Politik« (*Süddeutsche Zeitung*) Rühe längst rechts überholt.

Es ist nicht der Eifer, die Deutschen zur internationalen Pflichterfüllung zu drängen, sondern die Sehnsucht nach deutscher Weltgeltung auch als Militärmacht, die hinter dieser Politik steckt. Und dazu gehört nun einmal nach dem Verständnis der neuen deutschen »Machtpolitiker« ein starkes und in jeder Hinsicht unbeschränktes Militär.

Zwar streiten Staats- und Verfassungsrechtler noch, ob es überhaupt einer Änderung des Grundgesetzes bedarf, um die Bundeswehr an Kampfeinsätzen der UNO oder Missionen im Auftrag der UNO zu beteiligen. Diejenigen, die eine Verfassungsänderung für entbehrlich halten, verweisen auf den Art. 24 GG, wonach sich die Bundesrepublik einem System kollektiver Sicherheit anschließen darf. Mit seinem Beitritt zur UNO habe Deutschland auch die Verpflichtungen aus Kap. VII der UN-Charta, d. h. Stellung von Streitkräften für ein UN-Kommando auf Anforderung durch den Sicherheitsrat, übernommen. Die Beschränkung des Art. 87 a GG, so der Rechtsprofessor Dr. Rupert Scholz, stehe dem nicht entgegen, da der Begriff »Verteidigung« nicht zu eng ausgelegt werden dürfe. Schließlich dürften deutsche Soldaten auch im Ausland verteidigen. Scholz ignoriert aber, daß nach allgemeinem Verständnis unter militärischer »Verteidigung« stets nur die Reaktion auf einen militärischen Angriff verstanden wird. Der »Verteidigungsfall« tritt ein, wenn die BRD angegriffen wird oder ein Angriff unmittelbar bevorsteht (Art. 115 a GG).

Insbesondere zwingt aber die völkerrechtlich verbindliche Charta der Vereinten Nationen, »Verteidigung« als »Selbstverteidigung« zu begreifen. »Selbstverteidigung« gegen eine Aggression ist nämlich die einzige militärische Reaktion, die Staaten einzeln oder kollektiv – wie in der NATO z. B. – erlaubt ist.

Offensive militärische Operationen zur »Verteidigung von Interessen« können unter keinen Umständen unter den Begriff der »Verteidigung« subsumiert werden.

Militärische Zwangsmaßnahmen der UNO, die weder im zeitlichen noch geographischen Zusammenhang mit einer Angriffshandlung stehen, sind keine »Verteidigung«. Sie werden auch nicht so genannt.

Unabhängig von den Interpretationsübungen einiger Unionspolitiker hat die Bundesregierung eine eindeutige Haltung eingenommen: Nach ihrer Auffassung ist ein Einsatz deutscher

Soldaten außerhalb der NATO ohne Änderung (»Klarstellung«) der Verfassung weder für einen Kampfeinsatz noch für eine sogenannte »Blauhelmmission« zulässig.
Diese politische Vorgabe paßt einer wachsenden Gruppe von Abgeordenten der Regierungskoalition, allen voran dem außenpolitischen Sprecher Karl Lamers und dem früheren Verteidigungsminister Rupert Scholz, nicht. Für eine Verfassungsänderung wäre nämlich die Zustimmung der SPD erforderlich. Diese hat aber auf ihrem letzten Parteitag in Bremen jeder Verfassungsänderung mit dem Ziel, einen Kampfeinsatz der Bundeswehr außerhalb der Verteidigung im NATO-Rahmen möglich zu machen, eine klare Absage erteilt. Eine Grundgesetzänderung, die den Bundeswehreinsatz auf bloße UNO-Blauhelmmissionen beschränkte, macht wiederum die Regierungskoalition nicht mit. Sie möchte jegliche Beschränkung für die Bundeswehr aufheben.
Somit ist eine Verfassungsänderung vorerst nicht in Sicht.
Diese Lage ändert aber nichts an der Entschlossenheit der christdemokratischen »Möchte-gern-Machtpolitiker«, die das deutsche Militär nun in die »Normalität« weltweiter Einsätze entlassen wollen. Ganz offen operieren sie mit den abenteuerlichsten Versuchen, die Blockade einer Verfassungsänderung zu umgehen. Der CDU-Abgeordente Friedbert Pflüger empfiehlt z. B., ganz einfach »die Verfassungspraxis zu ändern«. Der »unverantwortlichen Haltung der SPD« müsse man ganz anders beikommen. Statt Verfassungsänderung müsse man jetzt »in die Beratungen über die Bildung einer europäischen Eingreiftruppe unter dem Dach der Westeuropäischen Union (WEU) eintreten und die entsprechenden Beschlüsse vollziehen«, so Karl Lamers. Rupert Scholz: »Renommierte Verfassungsrechtler« (klar, wen er zuallererst damit meint) glauben, die Verfassung ließe schon heute den Einsatz der Bundeswehr außerhalb der NATO zu. Sein Rat lautet, die »Verfassungspraxis step by step (zu) ändern«.
Diese Taktik ist durchaus schlau.
Eine gemeinsame europäische Verteidigung, wie sie von allen großen Parteien im Prinzip bejaht wird, setzt natürlich gleiche Bedingungen für alle beteiligten Streitkräfte voraus. Klar, daß sich nach dem Verständnis der Regierung das erst kürzlich souverän gewordene Deutschland an die »Normalität« der großen Nachbarn anschließen muß. Zu dieser »Normalität« gehört

aber, daß sich die Ex-Kolonialmächte Großbritannien und Frankreich ebenso wie der »Weltpolizist« USA ein eigenständiges Recht der militärischen Intervention zur Durchsetzung ihrer nationalen Interessen herausnehmen.
Diese befreundeten Nationen hat – wie die Sowjetunion in Afghanistan – bisher nicht gestört, daß jeder Militäreinsatz außer zur Selbstverteigigung und soweit er nicht durch Beschluß des Weltsicherheitsrats legalisiert ist, aufgrund der UN-Charta völkerrechtswidrig ist.
Ist etwa die völkerrechtswidrige Praxis dieser Militärmächte die »Normalität«, für die sich Lamers, Scholz, Rühe und die gesamte CSU so kräftig ins Zeug legen? Bei den Plänen für den Aufbau europäischer und deutscher »Schneller Eingreiftruppen« wird – entgegen der Rechtslage – stillschweigend davon ausgegangen, daß diese außerhalb eines UNO-Mandats eingesetzt werden dürften. Im Rahmen der WEU könnten europäische Streitkräfte – da sie nicht an die geographische Begrenzung der NATO gebunden wären – für alle denkbaren Kampfeinsätze rund um den Globus, nicht nur zur Verteidigung verwendet werden, wird plump behauptet. Die WEU wird geradezu als das künftige »Schwert« der auf »Schildfunktion« beschränkten NATO angepriesen.
Dies ist aber dreiste politische »Falschmünzerei« und eine doppelte Mißachtung der Rechtslage: Die Westeuropäische Union ist – wie die NATO – ein reines Verteidigungsbündnis. Zum einen tritt eine Beistandsverpflichtung gemäß Artikel V des WEU-Vertrags nur dann in Kraft, wenn einer der Mitgliedstaaten »Ziel eines bewaffneten Angriffs *in Europa*« wird. Zum anderen steht auch der WEU als kollektives Verteidigungsbündnis – wie der NATO – nur das Recht auf kollektive Selbstverteidigung gemäß Artikel 51 der UN-Charta im Falle eines Angriffs zu. Alle Vorbereitungen auf selbständige europäische Interventionseinsätze und sogenannte »Friedensmissionen« außerhalb eines Mandats der Vereinten Nationen sind daher die Planung von Völkerrechtsbruch.
Denn nur die Vereinten Nationen haben aufgrund der UN-Charta das Recht, »Friedensmissionen«, das schließt militärische Zwangsmaßnahmen ein, zu beschließen.
Was soll also die Aufstellung einer deutschen Eingreiftruppe und die Forderung von künftigen Militäreinsätzen, die heute verfassungswidrig sind und künftig – wenn es zu einer Ände-

rung der Verfassung käme – eindeutig völkerrechtswidrig wären?
Einmal abgesehen davon, daß die »Verfassungsmaulwürfe« der Unionsparteien mit ihrem Drängeln nach Umgehung einer Verfassungsänderung dem Bundeskanzler in den Rücken fallen. Sie versuchen, die deutsche Öffentlichkeit über das »UNO-Monopol« für militärische Zwangsmaßnahmen und ihre Absicht, Kampfeinsätze der Bundeswehr auch außerhalb eines UNO-Mandats zu ermöglichen, zu täuschen. Harmlos klingende Begriffe, wie »Friedensmissionen« oder »Einsätze zur Friedenssicherung«, sollen den wahren Charakter dessen, was eigentlich gewollt wird, nämlich die Möglichkeit offensiver Kampfeinsätze, verschleiern. Sie verfolgen die Taktik der Schaffung neuer Realitäten durch wiederholte Behauptung und Gewöhnung. Die Frage, ob künftig deutsche Soldaten an »militärischen Zwangsmaßnahmen« außer zur Selbstverteidigung teilnehmen können sollen, darf nicht auf das Verfassungsrecht reduziert werden.
Nach den in der jüngeren deutschen Geschichte von deutschen Soldaten begangenen Verbrechen, der Wirkung moderner Waffen, dem Wissen über die Folgen von Krieg in und gegen moderne, d. h. komplexe und vernetzte Gesellschaften geht es um eine zutiefst politische und ethisch-moralische Entscheidung.
Die Anwendung militärischer Gewalt bedeutet wegen der Wirkung moderner Waffentechnik und der Verwundbarkeit moderner Gesellschaften den unvermeidbaren vieltausendfachen Tod von Menschen, die unter dem ausdrücklichen Schutz des Kriegsvölkerrechts stehen. Die Genfer Konvention »über den Schutz der Opfer internationaler bewaffneter Konflikte« – obwohl bindendes Recht – wird somit ständig und systematisch verletzt. Daher ist Krieg außer zur reinen Selbstverteidigung, d. h. der Verteidigung des natürlichen Rechts auf Leben und Selbstbestimmung, auch rechtlich nicht vertretbar. Ein deutscher Soldat, der daran teilnimmt, macht sich schuldig. Er darf nämlich einen Befehl nicht befolgen, wenn dadurch eine Straftat begangen würde (§ 11 [2] SG).
Einer UNO, der die ständigen Mitglieder im Weltsicherheitsrat mit ihrem Vetorecht ihre rein nationalen Interessen aufzwingen können, dürfen deutsche Soldaten selbst zur legalen Ausübung militärischen Zwangs nicht anvertraut werden. Die Vereinten

Nationen haben – jahrzehntelang gelähmt durch die verbissene Konfrontation von USA und UdSSR – die friedlichen Mittel zur Verhinderung von Krisen und zur Lösung von Konflikten noch gar nicht entwickelt.
Sollen wir Deutschen uns unter diesen Umständen jetzt jener – völkerrechtswidrigen – »Normalität« der westlichen Atommächte anschließen, bei der militärische Gewalt immer noch als Mittel der Politik gilt?
Unter den Bedingungen der reinen Selbstverteidigung im Sinne überstaatlicher Notwehr gegen eine militärische Aggression, d. h. Verteidigung des eigenen Lebens und des Lebens der nahestehenden Menschen, war es für viele Deutsche noch möglich, Soldat zu sein, d. h. mit ihrer Gewissensnot des »Du-sollst-nicht-töten« fertig zu werden. Aber töten für machtpolitische oder wirtschaftliche Interessen?
Die Bundeswehr wird jetzt auf die angestrebte neue Militärrolle eingestellt und umgerüstet. Sie wird mobiler, flexibler und – offensiver. Die Reduzierung des Personalumfangs auf 370000 Mann soll dazu genutzt werden, den Anteil an längerdienenden und Berufssoldaten wesentlich zu erhöhen. Die Armee wird also professioneller. Dies erklärt, warum der Personal- und Betriebskostenanteil bei fast halbiertem Personalumfang von jetzt um 70% des Verteidigungsetats kaum sinken wird. Die angebliche Einsparung von knapp 44 Milliarden Mark bis zum Jahr 2005 ist eine Verhöhnung der Öffentlichkeit. Die Militärs »verzichten« auf Finanzmittel, die weder genehmigt, noch zugesagt waren. Während sie aus ihrer überzogenen alten »Waffen-Wunschliste«, die noch aus dem kalten Krieg stammt, das herausstreichen, was in die neue Offensivrolle der Machtprojektion nicht mehr paßt, stellen sie umfangreiche Neuforderungen, die ab 1995 mit mehr, nicht weniger Rüstungsmilliarden befriedigt werden sollen.
Weil – nach eigenem Bekunden der Generäle – Westeuropa heute und in der absehbaren Zukunft militärisch von keiner Macht bedroht wird, sind es die neuen »Risiken«, »Instabilitäten« und sonstigen Gefahren, die jetzt als Begründung eines völlig überzogenen Militärs herhalten müssen. Im Konkreten bleiben der Verteidigungsminister und seine Militärberater Parlament und Öffentlichkeit eine Erklärung schuldig, wie aus derzeitigen oder künftigen bewaffneten Konflikten zwischen Volksgruppen oder Völkern im Osten und Südosten eine mili-

tärische Bedrohung der BRD entstehen soll. Anders als im kalten Krieg gibt es keine militärische Bedrohungsanalyse mehr und damit auch keine fachlich-sachlich fundierte Verteidigungskonzeption als Voraussetzung für Umfang, Struktur und Ausrüstung der Streitkräfte. In dieser Lage längerfristige Struktur- oder Rüstungsentscheidungen zu treffen, ist unseriös und unverantwortlich.

Gerade weil die BRD heute durch niemand und nichts militärisch bedroht wird, kann, ja muß sich unser Staat eine grundlegende Beurteilung der Sicherheitslage erlauben. Nach etwa zwei Jahren Lagebeurteilung, an der alle gesellschaftlich relevanten Gruppen teilnehmen müssen, kann dann vor dem Hintergrund eines neuen Sicherheitsbegriffs die verbleibende militärische Aufgabe Deutschlands in Europa definiert und organisatorisch umgesetzt werden.

Dieser Vorschlag bedeutet indes nicht Stillstand des Prozesses der Abrüstung und Konversion. Einige Grundannahmen als Rahmenvorgaben für künftiges Militär sind als politsche Entscheidungen unverzüglich zu treffen. Sie erlauben einen zügigen Abbau der Überrüstung des kalten Krieges.

1. Der künftige Umfang deutscher Streitkräfte wird wesentlich unter 370000 Mann liegen.
2. Die Beschränkung deutscher Streitkräfte auf Verteidigung wird nicht aufgehoben.
3. Eine zentrale und integrierte Führung der Streitkräfte in einer künftigen politischen Europäischen Union wird es nicht geben.
4. Für die voraussichtliche Übergangsfunktion für Streitkräfte in einem europäischen Sicherheitssystem werden die klassischen offensiven Großwaffensysteme nicht mehr gebraucht. Deshalb werden Angriffspanzer, Angriffsflugzeuge und U-Boote zügig abgeschafft.
5. Die Allgemeine Wehrpflicht und das Berufssoldatentum werden aufgegeben. Die kleine Übergangstruppe wird aus Freiwilligen bestehen, die sich höchstens für 12 Jahre (mit Unterbrechungen) verpflichten dürfen.

Aufgrund solcher Prämissen – weitere oder andere wären denkbar – können Forschung, Entwicklung und Beschaffung von Waffen und Ausrüstung, die absehbar nicht mehr benötigt wer-

den, sofort eingeschränkt und schließlich gestoppt werden. Investitionen in Militärinfrastruktur können generell storniert werden, bis über den künftigen Auftrag der Bundeswehr entschieden ist. Personal wird schneller abgebaut, Neueinstellungen unterbleiben.

International muß Deutschland seine gewachsene Verantwortung mit politischen, diplomatischen und wirtschaftlichen Aktivitäten wahrnehmen. Die erste Voraussetzung für eine wirklich neue Weltordnung ist ein einheitlicher, von allen Staaten anerkannter und bei einem Weltgericht mit Autorität einklagbarer Maßstab für Völker- und Menschenrecht. Dazu gehört eine demokratisch legitimierte und kontrollierte Macht der Völkergemeinschaft, die Recht – ggfs. mit Zwangsmaßnahmen – durchsetzt. Es gibt keinen anderen Weg als den Versuch, die Vereinten Nationen als ein wirkliches kollektives Sicherheitssystem auszubauen, in dem die Mitglieder ihre Sicherheit nach dem Prinzip der »gemeinsamen Sicherheit« demokratisch organisieren.
Die Bundesrepublik Deutschland muß sich für die folgenden Änderungen der Weltgemeinschaft einsetzen:

1. Umsetzen des Aggressionsverbots durch das Verbot des Besitzes von Waffen, die geeignet sind, weiträumig in das Territorium eines anderen Staates zu wirken und dabei die Verteidigung zu überwinden (z. B. durch Panzerung). Zu diesen Waffen gehören auf jeden Fall weitreichende Flugkörper (etwa mit einer Reichweite von mehr als 40 km), Angriffsflugzeuge, Hauptkampfpanzer, gepanzerte Artillerie, U-Boote, Flugzeugträger und Landungsfahrzeuge.
2. Verbot von Militärstützpunkten in anderen Ländern und einer ständigen Flottenpräsenz in Küstennähe anderer Staaten.
3. Begrenzung der Staatsausgaben für Militär und Rüstung. Der jedem Staat als Höchstsatz zustehende Betrag könnte nach dem Bruttosozialprodukt, der Einwohnerzahl, der Fläche des Staatsgebiets oder einer Kombination dieser Parameter festgelegt werden.
4. Verhängung eines generellen Verbots der Herstellung und des Besitzes von Massenvernichtungsmitteln. Dazu gehö-

ren selbstverständlich auch die Nuklearwaffen. Während der »Abwicklung«, d. h. der Vernichtung aller A-Waffen, und bis zur Einrichtung eines Überwachungssystems (vielleicht auch darüber hinaus) unterhalten die Vereinten Nationen eine Spezialeinheit mit einigen hundert strategischen Nuklearwaffen. Einzelne Staaten müssen ihre Verfügung über A-Waffen aufgeben.

5. Verbot einer privatwirtschaftlich organisierten Rüstungswirtschaft.
6. Aufstellung eines Registers, welche »Verteidigungswaffen« unter Staatsregie produziert und demnach auch exportiert werden dürfen. Die Forschung ist völlig uneingeschränkt und offen. Ob neue Prinzipien für die Entwicklung und Produktion neuer Waffen verwendet werden dürfen, entscheidet eine Kommission der UNO.
7. Verbot von Spionage- und Spionageabwehrorganisationen, da das Prinzip der »gemeinsamen Sicherheit« militärische Geheimnisse nicht mehr verträgt.
8. Aufstellung einer permanenten UNO-Truppe (mit Land-, Luft- und Seestreitkräften), die sich aus Soldaten der Mitgliedsländer aufgrund persönlicher und freiwilliger Verpflichtung zusammensetzt. Die zu besetzenden Dienstposten werden ausgeschrieben.
9. Reform des Sicherheitsrats mit dem Ziel, eine gerechte Beteiligung aller Regionen an sicherheitsrelevanten Entscheidungen zu gewährleisten.
10. Setzen der ersten Priorität der Völkergemeinschaft auf den Abbau sozialer Ungerechtigkeit zwischen den Völkern und Regionen, den ökologischen Umbau der Weltwirtschaft und die Einführung eines gerechteren Systems der Teilhabe an den natürlichen Ressourcen.

Das Bewußtsein, daß die Menschen in »einer Welt« leben, muß endlich auch auf die sogenannte »äußere Sicherheit« der Staaten übertragen werden. Weder Staaten noch Regionen können ihre Sicherheit allein oder gar auf Kosten anderer bewahren.

Die Umsetzung des Prinzips der »Gemeinsamen Sicherheit« mit Vorsorge gegen den Rückfall in militärische Konfrontation und ein neues umfassendes Verständnis von Sicherheit als der Gesamtheit von Maßnahmen zur Vorbeugung und Abwehr der

geprägt. Und vielleicht auch noch die Erfahrung meines Vaters, der mit 17 als Freiwilliger in den 1. Weltkrieg zog und nachher eine pazifistische Grundeinstellung hatte und es geschafft hatte, durch List im 2. Weltkrieg nicht eingezogen zu werden. Ich würde aber heute sagen, daß ich ohne die Literatur nicht das Rüstzeug gehabt hätte, die Schwierigkeiten der Verweigerung in Kauf zu nehmen. Ich wußte durch die Literatur, es gab ein höheres Recht als die Militärgesetze.

JF: Bei mir spielte eine große Rolle die Prägung durch die Großmutter, die christlich im bekennenden Sinne war, eine Bauersfrau, die Hitler radikal ablehnte und auch dieser neuen, ganz anderen Zeit gegenüber skeptisch war in bezug auf Machtmißbrauch. Sie schrieb mir, als ich die Einberufung erhielt: Du darfst nicht töten! Denke daran. Und zum anderen das Familienerlebnis. Ich hatte zwei Onkel, zwei Brüder meines Vaters, verloren, die im Krieg umgekommen waren, der eine mit 18 Jahren in Afrika erschossen und der andere vermißt. Aber genau wie du bin ich von Literatur beeinflußt worden, von Borchert und von Böll. Das waren für mich die Autoritäten, die sagten, wir werden nie mehr antreten auf einen Pfiff hin. Und das war gedruckt und auch noch in der DDR gedruckt.

GW: Wurde das auch in der Schule vermittelt?

JF: In der Schule wurde das weniger vermittelt. Im Gegenteil, hier wurde einschränkend gesagt, das ist Pazifismus und natürlich gegen die faschistische Wehrmacht ganz gut, aber das geht nicht heute. Gerade um den Faschismus und den Kapitalismus zu verhindern, brauchen wir eine Armee. Alles andere ist blauäugig und Selbstmordnähe. Und nur zwei guten Deutschlehrern ist es zu verdanken, daß gerade Borchert und Böll im Unterricht vorkamen. Ohne Literatur hätte ich nicht einmal diese Längerwerbung abwehren können und dann auch während der Armeezeit, wo bei mir die eigentlichen Entscheidungen fielen, sagen können: So, jetzt hast du das erlebt, so ist es, so ekelhaft ist dieser Kasernenhof, in so hohe Gefahr gerät der einzelne, merke es dir gut, und wenn du Schriftsteller werden willst, dann beschreibe das.

GW: Wurdest du durch die Erlebnisse in der Volksarmee zum Schriftsteller?

wehrdienst leisten. An Verweigerung oder »Bausoldaten«* oder gar Totalverweigerung mit Knast erst mal gar nicht zu denken.

GW: Hattest du Freunde, die Bausoldaten gewesen sind oder es werden wollten?

JF: Nein. Es war eine Zeit, wo ich kein Vorbild hatte, niemanden, der mir vorgemacht hätte, wie ich zum Beispiel hätte beantragen können, Bausoldat zu werden. Es war das Jahr 68/69, Einmarsch in die Tschechoslowakei, also ein hartes und militärisches Jahr, und die Wehrpflicht war ja auch erst in den 60er Jahren in der DDR eingeführt worden, also es war alles relativ frisch. *Nur* den Grundwehrdienst mitzumachen, das war schon eine Herausforderung, das war schon etwas, wo man sagte, mit denen, die sich nicht länger verpflichten, muß man gleich mal ein bißchen härter umspringen. Also ist dieser Direktor zum Wehrkreiskommando gegangen und hat eine Liste mit Namen abgegeben, wo ich auch draufstand. Das waren solche mit längeren Haaren und merkwürdigen Ansichten, die sollten gleich zur Armee, damit sie erfahren, wie die Anforderungen der Gesellschaft sind. Also dieser Erziehungsaspekt.

GW: Disziplinierungsanstalt der Nation.

JF: Disziplinierungsanstalt, ja.

GW: Und hat dich auch Lektüre beeinflußt? Bei mir war es eine Identifizierung, eine Überidentifizierung würde ich fast sagen, mit Wolfgang Borchert. Ich habe in der Schule Aufsätze in seinem Stil geschrieben, ich konnte »Draußen vor der Tür« auswendig, das hatte mich aufgerüttelt, ich hab's nachempfunden. Und dazu kamen Erzählungen eines Lehrers, der als Freiwilliger in den Krieg ging und als Pazifist zurückkam, der uns pazifistische Literatur ganz anders vermittelte, als damals im Lehrplan gestanden hat. Da wär' eigentlich Bergengrün an der Tagesordnung gewesen, und statt dessen vermittelte er uns den frühen Böll und Tucholsky, und das hat mich, glaube ich, sehr

* *Bausoldaten:* Dienst ohne Waffe in militärischen Einheiten (Flugplatzbau etc.), auf den Schulterstücken war ein Spaten. *Kein* sozialer Friedensdienst, wie ihn die unabhängige Friedensbewegung der DDR forderte, sondern ein NVA-Grundwehrdienst.

Über das Buch

Ein Versäumnis wurde für Günter Wallraff zum Schlüsselerlebnis, das alle seine weiteren Arbeiten bestimmte. 1963 hatte er seinen Antrag zur Kriegsdienstverweigerung zu spät eingereicht. Er mußte, obgleich er keine Waffe in die Hand nahm, als »Schütze« dienen. Dabei lernte er die inhumanen Absurditäten des Drills und die Pathologien der militärischen Moral hautnah kennen. Trotz Schikanen und »Bearbeitungen« blieb er bei seiner Verweigerung und wurde bestraft. Sein Antrag auf Kriegsdienstverweigerung wurde abgelehnt, und er selbst fand sich kurz darauf in der neurologisch-psychiatrischen Abteilung eines Bundeswehrlazaretts wieder.

Während dieser ganzen Zeit hat Günter Wallraff ein Tagebuch geführt, das schon alle unverwechselbaren Züge seiner Reportagen verrät: Witz, Genauigkeit, Scharfsinn und Mut. Heinrich Böll ermutigte ihn, das Tagebuch zu veröffentlichen, und schrieb nach dem Erscheinen den bekannten Brief an Günter Wallraff, der den Titel »Brief an einen jungen Nichtkatholiken« hat. Er wurde ebenso in das Buch aufgenommen wie der aktuelle Beitrag von Flottillenadmiral Elmar Schmähling zur augenblicklichen Legitimationskrise der Bundeswehr und das Gespräch zwischen Günter Wallraff und Jürgen Fuchs über ihre verschiedenen und doch so gleichen Erfahrungen als Soldaten in den jeweiligen Feindlagern Ost und West.

Mein Tagebuch aus der Bundeswehr erscheint, um zahlreiche Texte erweitert, zum ersten Mal als Einzelausgabe.

Der Autor

Günter Wallraff, 1942 in Burscheid bei Köln geboren. Buchhändlerlehre. Trotz Antrag auf Wehrdienstverweigerung zur Bundeswehr eingezogen. Anschließend entsteht das *Bundeswehr-Tagebuch*. Danach politischer und sozialkritischer Autor. Den größten Erfolg hatte der Band *Ganz unten*, von dem in deutscher Sprache über 3 Millionen Exemplare verkauft wurden und der in 32 Sprachen übersetzt wurde.

Weitere Titel bei k&w

13 unerwünschte Reportagen, 1969. *Neue Reportagen, Untersuchungen und Lehrbeispiele,* 1972. *Ihr da oben – wir da unten* (mit Bernt Engelmann), 1973. *Aufdeckung einer Verschwörung.* Die Spinola-Aktion, 1975. *Der Aufmacher.* Der Mann, der bei Bild Hans Esser war, 1977, KiWi 2, 1982. *Zeugen der Anklage.* Die »Bild«-Beschreibung wird fortgesetzt, 1979 KiWi 17, 1982. *Befehlsverweigerung.* Die Bundeswehr und Industriereportagen, KiWi 66, 1982. *Bericht vom Mittelpunkt der Erde.* Die Reportagen, KiWi 67, 1984. *Bild-Störung.* Ein Handbuch, KiWi 77, 1985. *Reportagen 1963–1974.* Mit Materialien und einem Nachwort des Autors, 1987. *Vom Ende der Eiszeit und wie man Feuer macht.* Aufsätze/Kritiken/Reden. Mit einem Vorwort von Hans Mayer, KiWi 142, 1987. Günter Wallraff/Eckart Spoo. *Unser Faschismus nebenan.* Erfahrungen bei Nato-Partnern, KiWi 114, 1987. *Ganz unten.* Mit einer Dokumentation der Folgen, KiWi 176, 1988. *Industriereportagen.* Als Arbeiter in deutschen Großbetrieben, KiWi 250, 1991.

Inhalt

Mein Tagebuch aus der Bundeswehr

(1963/64)

JF: Ich hab' schon vorher geschrieben, ich hab' mit 15, 16 angefangen, Gedichte zu schreiben und verschiedenes. Aber während der Armee kam nun plötzlich dieses Geschrei, dieses Brüllen, diese Befehle, diese Schimpfworte. Die habe ich mir gemerkt. Auch bei dir habe ich solche Schimpfworte gelesen: Schleifen und Scheißhausfliege, Querscheißer und Schlitzaugen, Hottentotten usw. »Buntes Laub«, das waren die, die gerade zur Armee eingezogen wurden, die Tagesilos, wie gesagt, die so viele Tage noch hatten, oder Schwuchtel oder Schwule, Sackratten und die EKs, das waren die Entlassungskandidaten. Arschaufreißen gab es, Einlauf machen, Nüsse schaukeln, Wichser; auch Russenpack, also wir kommen schon aus der gleichen Wehrmachtstradition.

GW: Ja. Das wurde von denen weitergegeben, die das alte Militär noch erfahren haben. Die alten Kommißköppe wurden nicht ausgesiebt. Die brauchten die – auf beiden Seiten.

JF: Ich habe nicht einen einzigen älteren Offizier erlebt, der eine klare antifaschistische Position gehabt hätte. Ich meine nicht die Phrasen, sondern die Biografie. Ich möchte fast wetten, man müßte das noch mal im einzelnen prüfen, daß sie alle irgendwie von der HJ herkamen oder auch schon als Soldaten mit drinhingen und übernommen wurden. Es gab eine sehr starke »preußische« Strömung gerade bei den Unteroffizieren. Ich erinnere mich zum Beispiel, als ich reinkam in den ersten Tagen, daß sie sagten: Die deutsche Wehrmacht hatte viele schlechte Seiten, aber der Spindbau war vorbildlich! Nicht öffentlich, aber sie sagten es...

GW: Also bei uns ging man noch weiter. Da wurde in den Unteroffizierskasinos NS-Symbolen offen gehuldigt, wie z. B. SS-Zeichen. Auch in den Liedern wurde vieles noch nahtlos verherrlicht. Ich habe jetzt bei einer Diskussion in Zürich eine interessante Begegnung gehabt mit dem stellvertretenden NATO-Oberkommandierenden General Klaus, eine der seltenen Ausnahmeerscheinungen der Bundeswehr, den man als Mann der Inneren Führung bezeichnen könnte. Es hat ja immer ein demokratisches Konzept der Bundeswehr gegeben, nur es wurde nie umgesetzt. Und der bestätigte das, was ich im Bundeswehrtagebuch beschrieben habe, aus seiner Zeit, er ist etwa

derselbe Jahrgang, und sagte, nichts sei übertrieben. Das hat mir zu denken gegeben, daß jemand, der jetzt auf dieser Kommandoebene steht, meine Erfahrungen nicht als subjektiv, nicht als überempfindsam ansieht. Hätte ich diese unfreiwillige Rolle nicht durchlitten, wäre ich wahrscheinlich nicht zu meiner besonderen Form der Arbeit gekommen. Ich glaube, daß das für mich eine solche Erschütterung meiner bis dahin fast träumerischen introvertierten Existenz gewesen ist. Ich hab' das damals in einem lyrischen Tagebucheintrag festgemacht, den Wolf* übrigens vertont hat; »Ich träumte/ das Leben sei ein Traum/ und wachte auf davon/ und da war das Leben/ gar kein Traum/ und da schlief ich/ nie wieder ein.« Für mich waren die Bundeswehrerfahrungen entscheidend. Ich bin anschließend nicht mehr in meinen Buchhändlerberuf zurückgekehrt, ich bin vagabundiert, ein halbes Jahr auf Achse gewesen, durch Asyle, nach Skandinavien, hab' da gelebt, um Abstand zu gewinnen, mich aber auch neu zu definieren und neu zu finden. Und dann hab' ich diese anderen Bereiche der Gesellschaft heimgesucht, wurde Arbeiter, mußte auch von dem leben, was ich als Arbeiter verdiente. Es trieb mich dann um. Ich hab' später andere Menschen erlebt, die nie mehr in ihrem Beruf heimisch wurden, die nach dem Bundeswehrdienst strandeten, sogenannte Psychopathen wurden. Weil sie gebrochen wurden.

JF: Ja, ich hab' auch diese tiefe Erschütterung erlebt in dem Zwang zum »Jawoll«, »Zu Befehl«, daß man's dann auch sagt, oder in dem Kuschen, diesem vor anderen Stiefeln Rumkriechenmüssen als Rekrut. Diese Demütigung, die darin lag, aber auch die Aggressivität, die hochkam, dieses: Das läßt man sich nicht gefallen! oder: Das kriegt noch mal 'ne Rache!

GW: Hast du Notizen gemacht damals?

JF: Ich hab' keine Notizen gemacht, weil scharf kontrolliert wurde. Wir hatten sehr viele heimliche Spindkontrollen, ein ziemlich gutes Spitzelsystem, weil wir zu den Grenztruppen eingezogen wurden. Das war im Grunde eine Stasi-Einheit. Da kamen sichere und gerade solche unsicheren Kandidaten wie ich rein. Viele meiner Sorte waren in den Grenzausbildungslagern, die zwar nie direkt an die Grenze kamen, aber wochen-

* Wolf Biermann

lang für eventuelle Kampfeinsätze im Hinterland stationiert waren.

GW: Hat in der Zeit mal einer versucht, über die Grenze zu gehen?

JF: Es gab immer Fluchten, auch von Leuten, die ich kannte, von denen ich dann hörte, die sind abgehaun. Es gab auch einen Unteroffizier zum Beispiel, den ich namentlich kannte, der mein Gruppenführer war – übrigens auch einer, der ein paar Wehrmachtssprüche drauf hatte –, der ist dann irgendwie abgesprungen. Und es gab Absprachen im Sinne von: Wenn wir wirklich an die Grenze kommen, hauen wir ab. Keiner wußte ja bei der Einberufung, wer in dieser Kaserne da landet, erst wenn man da war, wußte man, was dieses »GR 10« heißt. Plötzlich finde ich mich in Johanngeorgenstadt im Grenzausbildungslager. Das muß man ja sehen, daß an der Grenze zu 80 oder 70% Wehrpflichtige standen, die sich überhaupt nicht dahin gemeldet hatten.
Ich möchte aber noch was ergänzen. Du hast das beschrieben mit den Durchdrehern, denen, die es nicht mehr verkraftet haben. Aber relativ viele hab' ich auch erlebt, die sich einpaßten und ruhig blieben und dann herauskamen und gerne in den Betrieben oder anderswo genommen wurden, weil sie eben gelernt hatten, zu schweigen und mitzumachen.

GW: Du zitierst diesen zentralen Satz: »Befehl ist Befehl, ihr habt den erst mal auszuführen, beschweren kann man sich hinterher.« Das haben wir bis zum Gehtnichtmehr auch immer wieder eingetrichtert bekommen. Parieren um jeden Preis. Ich hab' immer wieder versucht, bei der Kompaniebelehrung gegen den Stachel zu löcken. Was ist nicht schon alles unter Befehl an Unmenschlichkeit in allen Armeen der Welt passiert? Und es würde immer weiter passieren, wenn es verlangt würde. Und immer wieder würde auf das Soldatengesetz gepocht werden. Das war bei euch und bei uns das gleiche.

JF: Genauso dieses Zitat, das ich bei dir gelesen habe: »Das Denken übernehmen andere.«

GW: Oder das soll man den Pferden überlassen, die haben einen größeren Kopf. War deine Haltung in der NVA eine Aus-

nahme? Oder gab es doch einige, mit denen man sich verständigen konnte?

JF: Ich hatte immer das Gefühl, eine Mehrheit ist anti, aber paßt sich auch an, kommt irgendwie durch und will studieren oder irgendwie wieder rauskommen, in Urlaub fahren. Wenn ich mir zum Beispiel vorstelle, man hätte in der Waffenkammer oder bei Übungen wie du Blumen in den Lauf gesteckt oder eine Gruppenaktion gemacht, dann wäre es sehr kompliziert geworden.

GW: Da wärst du in den Knast gekommen.

JF: Ja, es wäre in dieser Weise doch eher undenkbar gewesen. Und natürlich wären wir sofort verhaftet worden. Oder von der Stasi hergenommen.

GW: Bei mir hat man versucht, auch wegen Wehrkraftzersetzung was zu machen. Es war wohl auf der Kippe, aber die Korrespondenz mit Heinrich Böll, glaub' ich, war ein Schutz. Nachdem die den Spind bei mir aufgebrochen hatten und die Briefe fanden, wurden sie vorsichtiger. Und haben sich dann über die Psychiatrie meiner entledigt. Und ich muß sagen, ich war damals in einer Situation, wo es mir durch die Erlebnisse in der Bundeswehr psychisch wirklich nicht gutging. Ich war zutiefst aufgewühlt und auch beschädigt. Ich hab' Fotos aus der Zeit, als ich da in der Klinik, in der Geschlossenen war, auf denen wirke ich recht daneben. Es gab damals ein Gutachten eines Bundeswehrpsychiaters, der tatsächlich mit Verdacht auf Hebephrenie* operierte, obwohl er sich mit mir überhaupt nicht über meine tiefenpsychologischen Probleme unterhielt, sondern nur über die Gründe meiner Verweigerung. Und dann Vordergründiges festhält, daß ich mir einen Backenbart habe wachsen lassen und eine getönte Brille trage. Man spricht ja auch von einem induzierten Irresein, von einem Irresein als Folge abnormer Verhältnisse. In der DDR wäre ich am Ende in der Psychiatrie geblieben.

JF: Ich hab' bisher immer gedacht, daß du so ein kleines bißchen strategisch vorgegangen bist in der Bundeswehrsituation. Ich habe diese Krise, die du jetzt schilderst, nicht vermutet.

* Jugendform der Schizophrenie

GW: Ich hatte zu wenig im Rücken, ich hab' nicht studiert, ich lebte auch nicht in festen sozialen Zusammenhängen. Ich hatte eine Mutter, die mich zur Anpassung erziehen wollte. Mein Vater war tot, und meine Mutter – krank und in wirtschaftlicher Notlage – schrieb mir Briefe, daß die in der Bundeswehr ja auch nichts als ihre Pflicht tun und daß sie jetzt unversorgt dastehe. Ich hatte mich sogar geweigert, meinen Wehrsold anzunehmen, gesagt, den sollte man ihr schikken, und sie schrieb jetzt so was. Da war immer so ein Widerspruch bei ihr. Einerseits versuchte sie mich zu verstehen, andererseits war ihr Weltbild so, daß sie fand, ich sollte ihr das nicht antun. Ich hatte nichts im Rücken, außer einer erhabenen Literatur, die aber dort nichts galt. Keiner kannte die, auf die ich mich berief. Der Hauptmann hatte vielleicht schon mal von Böll gehört, aber damals hatte Böll noch nicht den Rang in der Gesellschaft, den er inzwischen hat. Nachher hab' ich damit umgehen können, zunehmend. Aber das hat sich über die Jahre hinweg entwickelt. In den Fabriken fing das an, da wurde ich auch politisch bewußter. Ich würde für mich sagen, die Bundeswehr war so eine Art Schule der Nation, in einem anderen Sinne, als es sonst verstanden wurde. Ich glaube, ohne die Bundeswehr hätte ich eine ganz andere Entwicklung genommen. Auch beruflich. Wahrscheinlich wäre ich Ethnologe geworden, ich weiß es nicht. Aber die Anlage war vielleicht doch früher schon da. Ich war 17, als ich in mein Tagebuch schrieb: »Ich bin mein eigener heimlicher Maskenbildner, setze mir ständig neue Masken auf, um mich zu suchen und in einem vor mir zu verbergen.« Da war eigentlich das Rollenspiel und auch das Identitätsproblem schon angelegt. Aber ohne den Schock der Bundeswehr wäre ich wahrscheinlich damit unverbindlicher, nicht gesellschaftsrelevant umgegangen. Ich wäre vielleicht ein etwas abgehobener, arroganter, zynischer Mensch geworden. Ohne diese Leidenssituation hätte ich meine soziale Rolle nicht gefunden.

JF: Meine Angst war etwas anderes. Mein Hauptproblem war, die große Angst zu überwinden, das Thema anzugehen, weil Wehrkraftzersetzung ein ganz schweres Vergehen war. Ich wurde 1971 aus der Armee entlassen und fing mit den Aufzeichnungen 1973 an. 74 war etwas Kurzprosa fertig.

GW: Es gab bei euch ja auch nicht den Verband der Kriegsdienstverweigerer, mit dem ich inzwischen Kontakt hatte und die mich dann auch berieten. Gab's einen Pfarrer, dem du dich hättest anvertrauen können? Hast du's versucht?

JF: Es gab einen Pfarrer, der mich hätte beraten können. Aber es ging alles auch rasend schnell, ich war 18 Jahre, als ich zur Armee kam. Ich hab' hinterher erfahren, daß er wußte, welche Möglichkeiten der Verweigerung es gegeben hätte. Aber ich war auch nicht so ein eifriger Kirchgänger. Schon um als Bausoldat akzeptiert zu werden, mußte man eine ganze Menge Glück haben. Man mußte auch eine Beurteilung aus kirchlicher Sicht haben von Leuten, die akzeptiert waren. Ich kenne niemanden, der es ohne kirchlichen Hintergrund durchgesetzt hätte, Bausoldat zu werden.

GW: Gab es da eigentlich Kräfte in der Kirche, wie Stolpe, die diesen Spielraum ermöglicht und erweitert haben?

JF: Das kann ich für die 60er Jahre, über die wir jetzt sprechen, nicht so beurteilen. Aber es gab nicht ganz wenige, die den Dienst mit der Waffe ablehnten. Die Kirche hat vermittelt. Bausoldaten waren ja keine Wehrdienstverweigerer. Bausoldaten hatten militärische Dienstgrade, sie waren in den Kasernen. Sie machten Einsatz auf Flughäfen usw. Sie waren kein sozialer Friedensdienst. Die Friedens- und Menschenrechtsgruppen in der DDR forderten ja sozialen Friedensdienst, herausgelöst aus der Armee. Das war bis zuletzt nicht möglich. Von Totalverweigerung mal ganz zu schweigen, auf Totalverweigerung stand sofort Gefängnis.

GW: Bei uns ja auch, heute noch.

JF: Ich weiß. Bei uns gab es eine Reihe von Leuten, auch in den 60er Jahren, als der Wehrdienst eingeführt wurde, die gesagt haben, wir möchten offensiver werden. Sie wollten zum Beispiel Stände machen, wenn Rüstzeiten waren, oder kirchliche Treffen. Sie wollten die Frage der Wehrdienstverweigerung gesellschaftlich darstellen. Und das wurde ziemlich weggedrückt. Es hieß, lieber nicht, und da spielten sicherlich realistische Kreise in der Kirche, wie es die Stasi nannte, eine Rolle. Und zu den realistischen Kreisen, so wurde mir geschildert, gehörte auch Stolpe.

JF: Also, dieser Entschluß, die Erfahrungen in der NVA aufzuschreiben und sich Notizen zu machen, das war sicher singulär. Aber ich habe sehr viele verbitterte, zynische, düstere Stimmen gehört. Es gab auch Menschen, die in psychische Schwierigkeiten gerieten und sich verschlossen haben. Dann dieses blöde Rumgequatsche, Alkohol spielte eine große Rolle, dieses enorme Rumsaufen am Abend. Und dieses Feiern, aber was war das für ein Feiern? Früh die Betten vollgekotzt, diese Eisenbetten, und dann der Gestank, und wie kam man vom Ausgang zurück? Diese Ängste: Kann man in Urlaub fahren, nicht in Urlaub fahren? Du schreibst ja auch von dieser Fixierung auf das Wochenende. Nach Hause fahren.

GW: Die Flucht.

JF: Das fiel mir gleich auf, als ich in den Westen kam, daß die Soldaten hier regelmäßig am Wochenende nach Hause fahren. Selbst während der Grundausbildung. In der NVA gab es während der ersten Monate der Grundausbildung überhaupt keinen Urlaub. Man mußte schon großes Glück haben, nach zwei, drei Monaten einen Kurzurlaub von 2 Tagen zu erhalten. Danach gab es nur Urlaub in monatelangen Abständen. Wenn der Urlaub so selten ist, gibt es natürlich auch mehr Erpressungsmöglichkeiten. Du hast mich nach Widerstandsformen gefragt. Ich habe manchmal eine aggressive Verzweiflung erlebt: Also dann, es ist scheißegal, ob ich Ausgang oder Urlaub bekomme, dann hock' ich eben hier, dann ist alles egal. So eine Art Koller, bis hin zum Saufen, wo keine Strafen mehr halfen, wo dieses Schleimen, Kriechen, Anpassen einfach wegfiel. Und an solchen Stellen wurde es dann meistens wirklich auch für die Vorgesetzten gefährlich. Dann wurden ganze Züge und Abteilungen aufgelöst, es gab Umsetzungen, dann kamen plötzlich ganz andere an und darunter wieder ein ausgesuchter kleiner Kreis von Leuten, die rumspitzelten. Die Partei spielte dann eine Rolle, Beurteilungen und Befragungen: Sie wollen studieren, das geht so nicht, wenn Sie so weitermachen. Spindkontrollen, Alarm. Aber wenn du mich nach der Grundstimmung fragst, unter den Wehrpflichtigen waren die meisten eben doch angepaßt, nach dem Motto: Man kann sowieso nichts machen, man reißt das eben runter, ist alles scheißegal.

GW: Du hattest jedenfalls einen Pfarrer, dem du vertrauen konntest.

JF: Ja, dem ich vertrauen konnte. Vor allem nach der Armee, als ich die Prosa schrieb. Ich fühlte mich aber in der Armee, auf dem Kasernenhof, sehr allein und herausgefordert. In einer Entscheidungssituation. Und da habe ich mir gesagt, jetzt hast du diese Gesellschaft nackt gesehen. Nun weißt du es. Nun weißt du endgültig, was gemeint ist. Das ist gemeint. Ja, dieser Sozialismus der Unteroffiziere, diese Kasernenhofwelt, das ist weder links noch eine neue Gesellschaft, es ist einfach eine verkommene Macht. Eine alte Macht auch, mit faschistischem Rumgerede teilweise, mit Mißachtung des Menschen, mit all diesem Herummarschieren, alt und verkommen und gewalttätig. Und dann noch verlogen, weil es draußen und in den Zeitungen so anders dargestellt wird. Danach habe ich mir vorgenommen, darüber zu schreiben, auch wenn ich wußte, daß es gefährlich war. Ich wollte Klartext schreiben, nicht nur Gedichte im lyrischen Ton von Bobrowski. In dieser Phase spieltest du mit deinen Reportagen, die ich in der Armee gelesen habe, eine wichtige Rolle.

GW: Das waren die Industriereportagen damals.

JF: Ja, aber ich erinnere mich an eine Taschenbuchausgabe, in der ich deine Bundeswehraufzeichnungen gelesen habe.

GW: In der DDR haben die das unterschlagen, weil mein Pazifismus ja nicht auf eine bestimmte Armee beschränkt war. Diese Grundhaltung, glaube ich, die ist zu überdeutlich.

JF: Irgendwie hat es mich jedenfalls erreicht. Vielleicht auch als Westbuch. Ich erinnere mich nicht genau. Und das brachte mich dazu, bei Prosalesungen in der Kirche, die nachher wieder verboten wurden, die Frage zu stellen: Ermittelte Wallraff bei der Bundeswehr oder bei der NVA? Und in den Stasi-Protokollen lese ich jetzt: staatsfeindliche Hetze, stellt provozierende Fragen, indem er unterstellt, die militaristischen Auswüchse in der Bundeswehr, die Wallraff in seinen Reportagen schildert, seien gleichzusetzen mit der NVA. Das ist in den Akten drin.

GW: Gab es deine Haltung nur sehr vereinzelt oder häufiger?

Verteidigungsfall. Es wurde also von einem Nato-Angriff ausgegangen. Und dann gab es Fragen: Sollen wir warten, bis die kommen? Dann wurde gelächelt: Wir haben unsere Informationen, da könnt ihr euch drauf verlassen. Wir kommen zuvor! X plus zwei Stunden, dann werdet ihr Hamburg oder Paris kennenlernen... Solche Reden habe ich gehört, das war doch recht offensiv, nicht wahr?

GW: Und an der Grenze? Oder davor, in dem Lager, in dem du warst, gab es da Absprachen?

JF: Ja, in Andeutungen. Ich hatte einen Freund, mit dem ich offen sprach. Wenn die uns vorn hinstellen, sagten wir, können wir eben nicht gut schießen. Bis dahin ging diese Haltung, bei zukünftigen Schießübungen aufzupassen, nicht zu gut zu zielen. Ich war sportlich, mußte mich wirklich zurückhalten. Habe das auch getan. Eines ist klar. Wenn man als zuverlässiger Gefreiter oder Unteroffizier an der Grenze stand mit der Kalaschnikow, da gab es Auswege. Etwas Schlamperei, paar »falsche Bemerkungen«, einige Zweifel, dann wurde man abgelöst. Ich kenne mehrere solcher Fälle. Auch ich kam nicht an die Grenze. Aber eine Entscheidung wurde verlangt. Es war nicht einfach. Es gab keine klare, legale Möglichkeit der Verneinung.

GW: Und wie wurden die Posten an der Mauer motiviert?

JF: Na zum einen damit, daß alles richtig ist, gesetzlich und so weiter. Das wirkt bei vielen. Dann wurde gesagt, irgendwelche Typen schleichen sich an, Kriminelle, bewaffnet. Dann kam die Angst. Am meisten Angst gemacht wurde mit entsprungenen Sowjetsoldaten, die sich durchschlagen wollen mit Einzelkämpferspezialausbildung. Die haben nichts zu verlieren, hieß es. Da kamen Todesängste. Und solche Deserteure gab es. Sie hatten mein Mitgefühl, aber es war eine angespannte, wahnsinnige Drucksituation...

GW: Das Grundproblem ist wahrscheinlich wie im Krieg: Bist du einmal mittendrin, dann kommt man schwer wieder raus, man funktioniert.

JF: Ja, so sehe ich das auch. Es wird immer teurer. Dann bleibt bloß noch das Desertieren, das Abhaun. Einige begingen Selbstmord, hielten den Druck nicht aus. Andere machten »Vorkommnisse«, legten sich schlafen, die Kontrolle kam,

GW: Die Doppelmoral, die ich bei den Funktionären in der DDR ganz extrem erlebt habe, sonst eigentlich nur bei den Würdenträgern der katholischen Kirche, war die auch in dieser Armee schon angelegt, daß man die Sprüche draufhatte, für seine Kaderakte, für sein Studium, für sein späteres berufliches Fortkommen?

JF: Das kann man so sagen. Wobei vielleicht die Grundeinstellung noch wichtiger war: runterreißen. Das ist eben so. Das war schon immer so, auch schon in der Väter- und Großvätergeneration, die waren ja sogar im Krieg. Schießen, 'ne Waffe umhängen, das macht dann auch irgendwie Spaß, man macht sich ein bißchen wichtig. Also wenn ich mir vorstelle, daß jemand wie du mit einem Stock statt mit einem Gewehr angekommen wäre oder auch mal nicht richtig rausgeballert hätte bei einer Übung, dann hätte man vielleicht gesagt, na ja, der hat wirklich einen Schatten. Soldatsein, das war auch was Männliches, was Sportliches.

GW: Ich hab' es wieder umgedreht, indem ich es schaffte, durch den Blumenstrauß, den ich an den Stock band, bei Ausmärschen durch Dörfer die Lacher auf meiner Seite zu haben. Da kam nämlich jemand, der zeigte, daß er diese Zwangsgemeinschaft mit ihren Drohsymbolen überhaupt nicht ernstnahm. Das mit den aufgepflanzten Gewehren wirkte da plötzlich lächerlich. Das war für mich eine unheimliche Genugtuung. Und dann schämten sich plötzlich die Unteroffiziere, die uns wie die Wachhunde flankierten, und man verbot mir diesen Blumenzauber.

JF: Da ist noch was ganz Merkwürdiges, das mich sehr beschäftigt hat, als ich jetzt noch mal deine Sachen las: Pflege des Feindbildes. Also du hast das so beschrieben; die russische Bedrohung oder der Warschauer Pakt, was der alles macht, plant und besetzen will. An solche wie mich wurde dabei vielleicht nicht gedacht. Die in Soldatenstuben saßen und Böll lasen. Oder solche wie du in der Bundeswehr. Alles Abstraktionen im Polituntericht, Feinde, Verbrecher. Ich erinnere mich daran, daß ausdrücklich erklärt wurde: Natürlich sind da drüben auch Arbeiterjungs dabei. Die können eigentlich nichts dafür, werden mißbraucht. Aber sie lassen sich mißbrauchen. Und dafür müssen wir sie bekämpfen. Das ist dann objektiv notwendig im

Gefahren für die Existenz aller Menschen und ihrer Lebensgrundlagen sind jetzt vordringlich. Die fortgesetzte Verschwendung von menschlichen und materiellen Ressourcen für Militär und Rüstung, die gegen die realen Gefahren machtlos sind, ist der eigentliche Skandal der aktuellen Politik.

Beschreiben, was ist, was war

Gespräch zwischen Günter Wallraff und Jürgen Fuchs*
am 30.4.92

GW: Ich habe so einen Verzögerungstick. Das ist bei mir zwanghaft. Ich kann noch so früh alles planen, ich komme immer zu spät. Und so kam es, daß ich wieder mal viel zu spät meinen Antrag auf Kriegsdienstverweigerung gestellt hatte. Ich hatte es immer wieder verschoben und dachte, och, das wird sich vielleicht auch erübrigen. Es gab ja auch Fälle, wo jemand übersehen wurde. Und dazu kam, daß ich damals vorhatte, in den Dominikaner-Orden einzutreten, obwohl ich kein Kirchgänger war und weder jenseits- noch dogmengläubig, und ich hatte mich dort schon angemeldet. Und dann plötzlich, als es kein Ausweichen mehr gab, hatte ich die Fristen versäumt. Aber ich hatte, bevor man mich einzog, den Antrag gestellt. Heute würde man so jemanden wohl nicht mehr einziehen. Und wie war es bei dir?

JF: Ich bin mit 18 eingezogen worden, und ich hatte eine Schule um mich, Erweiterte Oberschule hieß das, also bis zur zwölften Klasse mit Abitur, und eine sehr intensive Abneigung gegen das Militärische gefaßt. Also einmal gegen das Herummarschieren auf den Schulhöfen bei Fahnenappellen. Und dann war der Direktor noch Offizier in der Kadettenanstalt gewesen und hatte, wie ich dann hörte, in der HJ auch eine Tätigkeit gehabt. Und dann hat mich das Militaristische doch sehr angeekelt. Zum anderen gab es aber eine scharfe Werbung: Dient länger, werdet Soldat auf Zeit! Mindestens 3 Jahre mußte man dem sozialistischen Vaterland dienen, wenn man studieren wollte, nicht nur 18 Monate, nicht nur den Grund-

* Jürgen Fuchs, geb. 1950 in Reichenbach/Vogtland. Abitur, 18 Monate »Grundwehrdienst« bei der Nationalen Volksarmee, 1971–75 Studium der Psychologie in Jena. Veröffentlichungen in Zeitschriften und Anthologien. Seit 1975 Lese- und Publikationsverbot. 1976/1977 politische Haft und Ausbürgerung nach Westberlin, wo er heute als Sozialpsychologe und freier Schriftsteller lebt. Veröffentlichungen in der Bundesrepublik u.a.: *Gedächtnisprotokolle* (1977), *Vernehmungsprotokolle* (1978), Gedichte und Essays.